2018—2019
苏州服务贸易发展报告

苏州市商务局 编

苏州大学出版社
Soochow University Press

图书在版编目(CIP)数据

2018—2019苏州服务贸易发展报告 / 苏州市商务局编. —苏州：苏州大学出版社,2020.4
 ISBN 978-7-5672-3137-5

Ⅰ.①2… Ⅱ.①苏… Ⅲ.①服务贸易-贸易发展-研究报告-苏州-2018-2019 Ⅳ.①F752.68

中国版本图书馆CIP数据核字(2020)第050589号

书　　名：	2018—2019苏州服务贸易发展报告
编　　者：	苏州市商务局
责任编辑：	肖　荣
装帧设计：	刘　俊
出版发行：	苏州大学出版社(Soochow University Press)
社　　址：	苏州市十梓街1号　邮编：215006
印　　装：	宜兴市盛世文化印刷有限公司
网　　址：	http://www.sudapress.com
邮购热线：	0512-67480030
销售热线：	0512-67481020
开　　本：	889 mm×1 194 mm　1/16
印　　张：	10.5
字　　数：	218千
版　　次：	2020年4月第1版
印　　次：	2020年4月第1次印刷
书　　号：	ISBN 978-7-5672-3137-5
定　　价：	59.00元

凡购本社图书发现印装错误,请与本社联系调换。服务热线：0512-67481020

《2018—2019 苏州服务贸易发展报告》编委会

主　　任：方文浜

副 主 任：沈　晶

编　　委：赵佑宏　陆伟民　顾　溪　冯俊龙　吴　洁
　　　　　贝振华　王　涛　陈　奇　盛韵雅

前　言

党中央、国务院高度重视服务贸易工作,习近平总书记在党的十九届四中全会上提出,"要建设更高水平开放型经济新体制,实施更大范围、更宽领域、更深层次的全面开放","扩大服务业对外开放"。2019 年,习近平总书记在向中国国际服务贸易交易会致贺信时指出:"随着经济全球化深入推进,服务贸易日益成为国际贸易的重要组成部分和各国经贸合作的重要领域,为世界经济增长注入了新动能。服务贸易发展前景广阔、潜力巨大。"

2018 年,国务院批复继续深化服务贸易创新发展试点,要求深化试点要以习近平新时代中国特色社会主义思想为指导,全面贯彻党的十九大和十九届三中、四中全会精神为指导,统筹推进"五位一体"总体布局和协调推进"四个全面"战略布局,坚持创新、协调、绿色、开放、共享发展理念,以供给侧结构性改革为主线,深入探索适应服务贸易创新发展的体制机制、政策措施和开放路径,加快优化营商环境,最大限度激发市场活力,打造服务贸易制度的创新高地。

苏州作为国家深化服务贸易创新发展试点城市之一,自深化服务贸易创新发展试点以来,全面贯彻落实国务院《关于同意深化服务贸易创新发展试点的批复》(国函〔2018〕79 号)精神,按照打造服务贸易创新高地的总体要求,充分发挥地方的积极性、主动性和创造性,推动在服务贸易管理体制、开放路径、促进机制、政策体系、监管制度、发展模式等方面先行先试,全面推进深化服务贸易创新发展的试点工作,全市服务贸易发展迅速。2018 年,苏州服务贸易进出口总额为 329.37 亿美元,同比增长 9.25%,规模位列江苏省第一。苏州服务贸易的结构进一步优化,有力促进了全市对外贸易转型升级和高质量发展。

站在苏州"开发再出发"的新起点,积极推进服务贸易创新发展任重而道远。

《2018—2019苏州服务贸易发展报告》系统地搜集了全市2017年、2018年服务贸易发展工作的相关资料,并对服务贸易发展情况进行了全面而系统的分析,为深入开展服务贸易发展研究做了大量基础性的工作。通过本报告,读者能对苏州市推进服务贸易创新发展工作和苏州服务贸易的发展情况有较为全面的了解。

限于时间仓促,本书中也有一些不尽如人意之处,请各位读者多提宝贵建议。

2020年1月1日

目 录

第一部分 总报告

2018年苏州服务贸易发展总报告 ·· 3
2019年苏州服务贸易发展总报告 ·· 22

第二部分 专题报告

服务贸易创新发展试点经验汇编 ·· 39
苏州市会展行业2018年度统计数据分析报告 ································ 55

第三部分 服务贸易相关文件汇编

国务院关于同意深化服务贸易创新发展试点的批复
　（国函〔2018〕79号） ·· 65
关于推广服务贸易创新发展试点经验的函
　（苏商服函〔2018〕678号） ·· 82
苏州市深化服务贸易创新发展试点重点试点行业十大行动计划（讨论稿） ······ 101
苏州市服务贸易创新发展试点园区、公共服务平台、重点企业一览表 ·········· 148
苏州市服务贸易创新发展试点可向上争取的政策措施一览表 ················ 159

第一部分 总 报 告

2018年苏州服务贸易发展总报告

一、服务贸易发展情况

(一) 2017年我国服务贸易发展情况

根据商务部统计，2017年全年我国实现服务贸易进出口总额46 991.1亿元，同比增长6.8%。其中，出口额为15 406.8亿元，进口额为31 584.3亿元；服务逆差额为16 177.5亿元，与上一年基本持平。服务贸易进出口平稳较快发展，贸易结构持续优化，高质量发展特征逐步显现。我国服务贸易进出口规模有望连续4年保持全球第二位。

1. 服务贸易出口增速显著高于进口

随着我国制造能力向生产性服务能力逐步扩展，专业服务领域竞争力逐步提升，2017年我国服务贸易出口同比增幅达10.6%，是2011年以来出口的最高增速；出口增速比进口增速高5.5个百分点，7年来我国服务贸易出口增速首次高于进口增速。

2. 服务贸易结构进一步优化

以技术、品牌、质量和服务为核心的新兴服务优势不断显现。2017年，新兴服务进出口总额为14 600.1亿元，同比增长11.1%，高于全国服务贸易进出口整体增速4.3个百分点，占全国服务贸易进出口总额的31.1%，同比提升了1.2个百分点；而旅行、运输和建筑三大传统服务占比同比下降1.1个百分点。

3. 新兴服务贸易领域进出口保持均衡快速增长

2017年新兴服务贸易进口额为7 271.7亿元，同比增长10.6%；新兴服务贸易出口额为7 328.4亿元，同比增长11.5%。其中，电子计算机和信息服务、知识产权使用费与个人文化娱乐进口分别同比增长54.9%、21%和30.6%，而知识产权使用费、金融服务、维修维护出口分别同比增长316.6%、30%、18.2%。

4. 中西部地区服务贸易进出口快速增长

中西部地区服务贸易进出口额合计6 575.7亿元，同比增长8%，高于全国平均增幅1.2个百分点，其中出口增幅达23.5%。东部沿海地区11个省市服务贸易进出口额合计为39 986.8亿元，占全国的比重达85.9%。其中，上海、北京和广东服务贸易进出口总额分别为10 200.5亿元、9 677.5亿元和8 316亿元，位居全国前三位。

5. 试点引领作用不断增强

2017年以来，商务部会同各部门、各相关地方继续落实服务贸易创新发展试点的相关政策文件，营造良好的营商环境，政策效应进一步显现。2017年，试点地区服务贸易进出口总额合计为24 405.5亿元，进出口、出口和进口分别同比增长8%、11.1%和7.4%，均高于全国平均水平。

表1　2017年1—12月各省（市、自治区）（含创新发展试点城市）服务贸易进出口数据

单位：亿美元

省（市、自治区）	进出口金额	出口金额	进口金额
全国	6 893.7	2 255.4	4 638.3
北京市	1 434.3	437.2	997.1
天津市	186.4	71.2	115.2
河北	77.4	13.3	64.0
山西	42.5	9.2	33.3
内蒙古	30.9	9.4	21.6
辽宁	172.5	45.8	126.8
吉林	49.5	7.3	42.2
黑龙江	43.1	3.9	39.2
上海市	1 511.9	558.4	953.5
江苏	444.5	138.2	306.3
浙江	307.8	91.9	215.9
安徽	69.5	23.0	46.5
福建	217.4	74.6	142.8
江西	38.2	8.5	29.7
山东	301.9	102.0	199.9
河南	80.4	10.7	69.7
湖北	121.4	26.7	94.7
湖南	55.3	11.6	43.7
广东	1 231.4	440.6	790.7
广西	38.3	16.5	21.8
海南	25.1	6.9	18.2
重庆市	83.7	34.7	48.9
四川	146.7	49.5	97.1

续表

省（市、自治区）	进出口金额	出口金额	进口金额
贵州	14.0	2.5	11.5
云南	42.1	20.7	21.4
西藏自治区	1.3	1.0	0.3
陕西	74.0	25.6	48.4
甘肃	14.3	1.4	12.9
青海	3.1	1.4	1.8
宁夏	5.4	0.3	5.1
新疆	29.4	11.2	18.2
大连市	88.2	32.3	55.9
宁波市	76.2	22.7	53.5
厦门市	105.9	55.2	50.7
青岛市	121.1	43.2	77.8
深圳市	571.7	222.6	349.1
苏州市	162.0	67.6	94.4
杭州市	154.3	58.9	95.4
威海市	12.0	5.0	7.0
武汉市	96.8	20.1	76.6
广州市	453.6	129.3	324.3
成都市	129.9	48.2	81.7
哈尔滨市	28.3	2.9	25.4
安顺市	0.3	0.0	0.3
贵阳市	11.2	2.3	8.9
咸阳市	2.9	0.8	2.1
西安市	66.1	24.5	41.5
南京市	133.5	32.9	100.6

注：数据来源于商务部。

（二）2017年江苏服务贸易发展情况

2017年，江苏全省服务贸易继续保持平稳增长势头，进出口总额突破600亿美元，再创历史新高。全省服务贸易运行情况如下：

1. 服务贸易额继续扩大，服务贸易占对外贸易的比重下降

2017年，全省完成服务贸易进出口总额为635.49亿美元，同比增长11.83%。其中出口额为319.55亿美元，同比增长10.28%；进口额为315.93亿美元，同比增长13.45%。服务贸易占对外贸易的比重为9.71%，占比较上一年下降1.2个百分点。

2. 行业发展较为集中，运输回暖，旅行增速放缓

服务贸易共12个门类，进出口位列前五位的门类分别为运输服务、旅行服务、其他商业服务、加工服务和知识产权使用费，合计占比达94.65%。其中，运输服务、加工服务实现顺差。受益于外贸快速增长，运输服务2017年进出口总额为295.57亿美元，同比增长16.1%，而2016年同比下降8.13%。运输服务在江苏省服务贸易总额中占比最大，达到46.51%，是顺差最大的门类，顺差额为67.73亿美元。加工服务2017年回稳向好，实现进出口总额44.09亿美元，同比增长0.16%，较2016年下降9.87%的情况有了明显好转，2017年全年实现顺差额42.38亿美元。旅行服务、其他商业服务、知识产权服务仍呈逆差。旅行服务受国际形势影响，2017年增速放缓，进出口总额为155.02亿美元，同比增长8.24%，较2016年25.43%的增速明显放缓。旅行服务占我省服务贸易的比重达24.39%，仅次于运输服务，是江苏省逆差最大的门类，逆差71.12亿美元。其他商业服务进出口总额为72.03亿美元，同比增长9.71%，占全省服务贸易的比重为11.34%，逆差11.62亿美元；知识产权使用费进出口总额为34.74亿美元，同比增长16.06%，占全省服务贸易的比重为5.47%，逆差33.83亿美元。文化走出去成效显现，文化和娱乐服务同比增长30.27%。

3. 各市服务贸易呈现普涨，苏南继续领跑全省

从增速看，全省大部分设区市增速在10%以上，淮安、宿迁、徐州三市体量小、增速快，全年同比增长分别为33.52%、20.97%、20.46%，增速依次位列全省前三。全省仅盐城市同比下降，降幅为3.81%。从地域看，苏南服务贸易进出口总额占全省的比重为85.73%。苏州、南京、无锡分列全省前三，苏州服务贸易在全省独领风骚，进出口总额为304.61亿美元，同比增长10.98%，占全省的比重为47.93%；南京进出口总额为113.89亿美元，同比增长14.48%，占全省的比重为17.92%；无锡进出口总额为81.58亿美元，同比增长10.38%，占全省的比重为12.84%。苏中三市占全省的比重为8.72%，苏北五市占全省的比重为5.55%。

4. 主要市场保持稳定，对芬兰、德国贸易增长明显

中国香港、美国、韩国、日本、中国台湾仍是江苏省前五大服务贸易市场，服务进出口总额分别为33.80亿美元、28.85亿美元、25.92亿美元、22.88亿美元、21.40亿美元，共计占江苏省服务贸易进出口的比重达43.75%。其中，中国香港占比最大，达11.13%。在江苏省排名前十的服务贸易市场中，对芬兰服务贸易增长最快，同比增长171.49%；德国、中国台湾分列第二、第三位，分别同比增长31.45%、16.72%；韩国、新加坡连续两年同比下降，2017年分别下降2.73%、2.94%。德国替代美国，成为江苏省服务贸易第一大逆差来源地，逆差额为6.24亿美元。中国台湾、韩国成为江苏省服务贸易顺差第一、第二大来源地，顺差额分别为12.71亿美元、11.14亿美元。

表2 2017年江苏省服务贸易进出口情况（分市）

地市名称	进出口总额/亿美元	增幅/%	出口额/亿美元	增幅/%	进口额/亿美元	增幅/%
江苏省	635	11.83	319.55	10.28	315.93	13.45
南京	114	14.48	42.15	13.92	71.74	14.81
无锡	82	10.38	40.95	9.01	40.63	11.81
徐州	10	20.46	4.22	18.09	5.67	22.28
常州	30	9.73	14.54	8.45	15.56	10.96
苏州	305	10.98	170.44	8.88	134.17	13.77
南通	31	10.61	16.82	8.44	13.74	13.39
连云港	8	14.30	2.66	2.62	4.92	21.81
淮安	6	33.52	2.22	7.13	3.41	59.11
盐城	10	-3.81	4.77	15.51	4.99	-17.08
扬州	13	14.93	5.68	17.95	6.90	12.56
镇江	15	11.02	8.06	13.19	6.53	8.44
泰州	12	19.75	5.83	26.91	6.42	13.91
宿迁	3	20.97	1.31	17.14	1.25	25.26

注：数据来源于省外汇管理局，各市旅游及运输数据已测算并替换。

（三）2017年苏州服务贸易发展情况

1. 国际收支服务贸易发展情况

随着国家服务贸易创新发展试点工作的深入，苏州全市服务贸易以国际运输、知识产权、旅游、文化、国际维修和维护等重点行业为突破口，全面推进服务业双向开放，通过加大政策支持力度、优化政务服务环境、推进服务贸易便利化措施、积极打造服务贸易品牌，不断优化便利化的营商环境，推动全市服务贸易实现高质量的快速发展。从运行情况看，全市服务贸易主要有以下特点。

（1）服务贸易规模快速增长

2017年，苏州市服务贸易继续保持稳定增长态势，全市服务贸易外汇收付汇额为162.3亿美元，同比增长15%，增速与上一年持平，连续2年实现了15%的较快增长。从全省看，苏州市服务贸易总额连续多年位居全省首位，占全省服务贸易进出口总额的

47.9%,占比较全省排名第二的南京、第三的无锡分别高30个、35个百分点。从企业运行情况看,服务贸易额排名前十的企业进出口总额为34.71亿美元,同比增长9%,占全市服务贸易进出口总额的21.4%。从排名前十的企业的主要服务贸易类别看,知识产权服务贸易类有4家,加工服务有4家,国际维修和维护有1家,其他商业服务有1家。

(2)服务贸易结构持续改善

苏州市服务贸易正逐步从依赖传统服务领域向新业态、新领域转变。运输、加工、建设三大传统行业在服务贸易总额中的占比从2016年的33.04%下降到2017年的20.8%。文化和娱乐服务、电子计算机和信息服务、别处未涵盖的知识产权服务、其他商业服务等新兴服务行业,占2017年服务贸易进出口总额的比重上升至45.4%。其中,别处未涵盖的知识产权服务进出口差距加大。2017年,别处未涵盖的知识产权服务贸易进出口总额为27.95亿美元,其中出口额为0.18亿美元,进口额为27.77亿美元,进出口总额逆差达27.59亿美元,进口需求旺盛。国际维修和维护服务稳步增长,在2016年实现300%以上增长的基础上,2017年又实现了稳定增长,国际维修和维护服务进出口总额为9.55亿美元,占全市服务贸易总额的5.9%。

表3 2017年苏州市服务贸易国际收支分行业统计表

单位:亿美元

分行业	进出口总额		出口额		进口额	
	12月	累计	12月	累计	12月	累计
总额	12.30	162.30	6.89	85.09	5.41	77.21
旅行服务	0.12	45.07	0.04	24.40	0.09	20.67
运输服务	0.78	8.22	0.56	5.99	0.21	2.23
文化和娱乐服务	0.06	0.31	0.00	0.03	0.05	0.29
国际维修和维护服务	0.64	9.55	0.50	8.75	0.14	0.79
别处未涵盖的知识产权服务	1.94	27.95	0.00	0.18	1.94	27.77
金融服务	0.01	0.11	0.00	0.00	0.01	0.11
保险服务	0.02	0.15	0.01	0.09	0.01	0.06
加工服务	2.46	23.87	2.40	23.27	0.06	0.60
建设服务	0.18	1.62	0.15	1.10	0.04	0.51
其他商业服务	3.69	38.15	1.69	16.77	2.01	21.37
电子计算机和信息服务	0.99	7.28	0.70	4.48	0.29	2.79
别处未涵盖的政府货物和服务	0.00	0.02	0.00	0.01	0.00	0.01

注:2017年服务贸易进出口总额为162.3亿美元,同比增长14.98%。

(3) 服务贸易伙伴覆盖全球

苏州市服务贸易伙伴覆盖六大洲，近200个国家或地区。服务贸易进出口总额排名前五的国家或地区是中国台湾、美国、中国香港、日本、德国，分别占全市服务贸易进出口总额的14.5%、12.5%、11.4%、10.1%、9.3%。服务贸易出口额排名前五的国家或地区是中国台湾、中国香港、美国、日本、韩国，分别占全市服务贸易出口总额的23.4%、13.5%、10.8%、9.9%、9.9%。服务贸易进口额排名前五的国家或地区是德国、美国、荷兰、日本、中国香港，分别占全市服务贸易进口总额的16.9%、15.2%、12.1%、10.9%、9.6%。

(4) 服务贸易市场主体竞争力增强

数据显示，2017年较2016年苏州市新增258家服务贸易进出口总额超过500万美元的企业、135家服务贸易进出口总额超过1 000万美元的企业，规模以上服务贸易企业数量稳步增长。新兴产业中的服务贸易企业发展势头迅猛，苏州爱洛克信息技术有限公司、辛迪思（苏州）医疗器械有限公司、码捷（苏州）科技有限公司等数十家企业的服务贸易进出口总额均取得了三位数增长。2017年，苏州市离岸执行额超500万美元的规模型企业有219家。金唯智生物科技、凌志软件等12家企业获评"2017年中国服务外包成长型企业"。自2014年以来，全市累计通过CMM/CMMI3级以上企业有21家，累计通过ISO27001国际认证的企业有35家，苏州服务外包企业成长迅速，技术能力和专业服务水平显著提升。截至2017年年底，苏州市技术先进型服务企业达到100家，居全省第一，全国第三。

(5) 服务外包继续保持健康发展

2017年，苏州市完成接包合同额117.06亿美元，离岸执行额52.58亿美元，分别占全省总额的21.63%和23.16%。全市服务外包实现了信息技术外包（ITO）、业务流程外包（BPO）和知识流程外包（KPO）领域的全覆盖发展，并形成了软件研发、信息技术服务、工业设计、生物医药研发四大服务外包优势业态。重点领域集聚发展，业态优化逐步向高端攀升。2017年，离岸ITO、BPO和KPO占全市服务外包总量的比重分别为19.48%、9.63%和70.89%，KPO占比高于全省30.07个百分点，服务外包高端业务比重持续保持较高水平。

表4 2017年苏州市服务外包情况表

地区	离岸执行额			新增受训人数/人	
	12月/万美元	当年累计/万美元	同比/%	12月	当年累计
全市	30 262	525 812	-21.39	265	10 030
姑苏区	3	22	—	0	300
工业园区	18 612	188 591	-50.41	206	7 234

续表

地区	离岸执行额			新增受训人数/人	
	12月/万美元	当年累计/万美元	同比/%	12月	当年累计
高新区	8 041	194 740	21.00	0	678
吴中区	0	10 173	9.15	44	60
相城区	0	380	—	60	60
吴江区	316	11 791	3.00	0	19
常熟	1 019	18 626	-3.21	-18	-19
张家港	83	6 920	-47.64	0	21
昆山	768	62 104	32.63	-27	1 630
太仓	1 420	32 465	18.22	0	47

2. 商业存在服务贸易发展情况

（1）外商附属机构服务贸易情况

外商附属机构服务贸易是指外商在苏州市投资企业（中方股权占50%以上）或代理机构为我国消费者和他国消费者提供服务所取得的收入。2017年共有2 875家外商附属机构在苏州进行投资，累计投资总额达709.9亿美元，外方实际出资达437.1亿美元。全年外商附属机构服务贸易实现营业收入4 949.7亿元，纳税284亿元，从业人数达36.43万人。

表5　2017年苏州市外商附属机构服务贸易分地区情况

	企业数	投资总额/亿美元	累计外方实际出资/亿美元	纳税总额/亿元	累计营业收入/亿元	累计从业人数/万人
总额	2 875	709.9	43.7	284.0	4 949.7	36.4
姑苏区	45	2.8	0.1	0.3	7.5	0.2
吴中区	225	25.9	1.2	10.5	172.6	2.0
相城区	122	22.0	0.2	4.4	74.4	1.2
高新区	234	74.0	1.6	26.6	613.6	3.8
园区	588	155.4	9.0	83.7	1 175.3	5.9
吴江区	235	54.9	0.8	19.6	422.7	5.4
常熟	208	128.4	24.2	39.5	656.2	3.4
张家港	192	50.5	2.2	25.2	684.2	2.2
昆山	784	136.0	3.0	56.3	826.4	9.7
太仓	242	59.9	1.3	17.9	316.9	2.6

（2）中国附属机构服务贸易情况

中国附属机构服务贸易是指苏州市企业在境外投资（中方股权占50%以上）的企业或代理机构为所在国（或地区）和其他成员的消费者提供服务所取得的收入。2017年我市共有1 160家企业在境外开展投资，共完成销售（营业）收入153.42亿美元，年末从业人数为27 288人，其中中方人员为4 860人。

表6　2017年苏州市中国附属机构服务贸易分产业投资情况

	企业数	年末从业人员数/人	其中：中方人员数/人	销售（营业）收入总额/万美元
总额	1 160	27 288	4 860	1 534 165.84
第一产业	8	299	33	1 528.30
第二产业	388	19 806	2 071	312 012.10
第三产业	764	7 173	2 756	1 220 625.00

按投资国别或地区分析，中国香港是苏州市企业开展境外投资、实现收入最多的地区，共有312家企业在中国香港进行投资，实现销售（营业）收入71.1亿美元。中国香港、美国、日本和新加坡等是苏州市企业开展境外投资最青睐的10个国家或地区，苏州市共有830家企业在这些国家或地区进行投资，占我市境外投资企业总数的73.58%。中国香港、新加坡、美国等是苏州市企业境外投资实现销售（营业）收入最多的10个国家或地区，共实现销售（营业）收入143.58亿美元，占苏州市企业境外投资收入总额的93.59%。

表7　2017年苏州市中国附属机构服务贸易按国别或地区发展情况（前10位）

排名	投资企业数量排名		实现销售（营业）收入排名	
	所在国家或地区	企业数/家	所在国家或地区	销售（营业）收入总额/万美元
1	中国香港	312	中国香港	711 026.20
2	美国	212	新加坡	338 034.50
3	日本	49	美国	112 109.00
4	新加坡	47	开曼群岛	99 935.87
5	开曼群岛	39	泰国	57 086.73
6	德国	38	南非	29 384.82
7	澳大利亚	37	文莱	27 897.00
8	中国台湾	36	越南	23 203.89
9	埃塞俄比亚	33	澳大利亚	20 447.26
10	韩国	27	俄罗斯联邦	16 723.57
	合计	830	合计	1 435 848.84

按所属产业分析，第三产业是苏州企业对外投资的重点，共有764家企业在境外进行服务业投资，占苏州市境外投资企业总数的67.73%，完成销售（营业）收入122.06亿美元，贡献了占苏州市企业境外投资总收入79.56%的销售（营业）收入。

按第三产业细分行业分析，苏州市中国附属机构投资的行业较为集中。批发和零售业，商务服务业，软件和信息技术服务业，电力、热力生产和供应业，房地产业这5大行业的企业数量共556家，占全部行业企业总数的49.29%，完成销售（营业）收入118.93亿美元，占全部行业销售（营业）收入的77.52%。

表8 2017年苏州市中国附属机构服务贸易第三产业细分行业投资情况（前十）

行业类别	企业数/家	年末从业人员数/人	其中：中方人员数/人	销售（营业）收入总额/万美元
批发和零售业	376	2 763	655	853 478.00
商务服务业	106	333	65	284 925.20
软件和信息技术服务业	39	290	106	24 083.04
电力、热力生产和供应业	9	93	4	15 301.83
房地产业	26	78	22	11 519.99
其他服务业	26	180	129	5 148.64
互联网和相关服务	8	1 333	1 330	3 790.66
科学研究和技术服务业	7	237	56	2 826.09
租赁和商务服务业	13	16	6	2 789.95
研究和试验发展	47	465	34	2 609.71

3. 自然人移动服务贸易发展情况

2017年，苏州实现自然人移动服务贸易额85.14亿美元，其中出口额为24.66亿美元，进口额为60.48亿美元，逆差为35.82亿美元。其中旅行所产生的自然人移动服务贸易进出口总额最高，为52.79亿美元，占全市自然人移动服务贸易进出口总额的62%。2017年在苏留学的学生共有15 035人，其中外籍学生8 550人、港澳台华侨子女6 485人，共完成留学及教育相关旅行出口额11 055.15万美元。

表9 2017年苏州市自然人移动服务贸易发展情况

单位：万美元

项目	进出口总额	出口额	进口额
旅行	527 925.32	241 633.04	286 292.28
——就医及健康相关旅行	2 967.82	129.52	2 838.30

续表

项目	进出口总额	出口额	进口额
——留学及教育相关旅行	113 233.36	11 055.15	102 178.21
——其他旅行	411 724.14	230 448.37	181 275.77
劳务外派人员	5 019.00	5 019.00	0
外国人在苏就业	318 501.88	0	318 501.88
总额	851 446.20	246 652.04	604 794.16

数据来源：主要为服务贸易国际收支数据，部分采用相关职能部门数据。其中——
留学及教育相关旅游出口和进口：使用苏州市教育局留学生人数数据；
其他旅游进口：使用个人旅游用途购汇数据；
其他旅游出口：使用苏州市旅游局入境旅游数据。

二、服务贸易发展形势

（一）全球经济延续复苏态势

2017年，受投资、贸易和工业生产回升的拉动，全球经济增长覆盖范围更加广泛，复苏步伐明显加快，是近年来表现最好的一年。根据国际货币基金组织的数据，全球经济增长3.7%，约120个经济体（占全球经济总量的3/4）同比增速都有所上升，这是自2010年以来从未有过的同步上升，欧洲和亚洲地区经济复苏更为明显。2018年，全球经济将延续复苏态势。国际货币基金组织2018年1月发布的最新预测，将2018—2019年的全球经济增长预测较2017年10月的预测值调高0.2个百分点，为3.9%，其他国际组织和商业研究机构也一再上调全球经济增长预测结果，经合组织（OECD）预计所跟踪的全部45个主要经济体都将保持经济增长。

与此同时，主要发达经济体货币政策正常化，特别是美联储加息和"缩表"叠加，有可能带来紧缩效应，利率中枢上调，还将增大全球债务成本，导致资产价格重估和金融市场波动。美国实施减税法案可能加剧主要经济体竞争性减税，对制造业布局和跨境资本流动产生重大影响。美欧的保护主义新举动有可能给中美、中欧经贸关系带来新的不确定性。地缘政治风险有可能多发、频发，给全球经济复苏带来冲击。

总体上看，全球经济复苏和外需回暖，对中国经济具有一定的支撑作用。但主要经济体货币政策取向变化，将挤压中国宏观政策空间，增大政策操作难度。外部的不确定性也可能向国内经济传导，大宗商品价格回暖可能给国内物价形成一定压力。

（二）我国服务贸易发展机遇难得

高质量发展条件进一步积累。中共十九大勾画了今后一个时期中国经济发展的宏伟蓝图，明确了决胜全面建成小康社会和开启全面建设社会主义现代化国家新征程的路线图与时间表，开启了由"数量追赶"转向"质量追赶"阶段的历史进程，增强了全社会推动经济持续健康发展的信心，有效改善了市场预期。从今后一个时期看，中国经济转向高质量发展面临诸多有利条件。

1. **经济结构发生重大变革，为经济高质量发展打开空间**

中国已形成世界上人口最多的中等收入群体，成为全球最大的消费市场，2018年零售额有望与美国持平或赶超美国。消费成为经济增长的主要驱动力。2013—2017年最终消费对经济增长的年均贡献率为56.2%，高于投资形成12.4个百分点。与需求端变化相适应，供给端服务业占比提高。2017年服务业占国内生产总值的比重比2012年提高6.3个百分点，2013—2017年服务业对经济增长的年均贡献率为52.8%，高于第二产业10.2个百分点。国内市场扩容、消费贡献率上升、服务业占比提高，将有效增强经济运行的稳定性，为我国经济高质量发展创造基础条件。

2. **居民消费结构加快升级，为经济高质量发展提供市场驱动力**

随着居民收入水平提高和中等收入群体扩大，居民对商品和服务的品质、质量要求明显提升。"千禧一代"、互联网一代更加追求个性化消费。2017年中国恩格尔系数降至29.3%，达到联合国划分的20%~30%的富足标准，旅游、养老、教育、医疗等服务需求快速增长。居民消费结构向高端化、个性化、服务化方向升级，对经济高质量发展形成强大的市场推动力。

3. **科技创新进入活跃期，为经济高质量发展提供技术支撑**

中国在战略高技术领域取得重大突破，正在从跟跑为主转向跟跑、并跑和领跑并存。根据世界知识产权组织发布的《2017年全球创新指数报告》，中国创新指数世界排名升至第22位，比2013年提升了13位，成为前25名中唯一的非高收入经济体。新技术在各领域加速应用，移动支付、电子商务、平台经济、无人零售、共享单车、新能源汽车等跻身世界前列，推动产业和区域发展质量水平整体跃升，增强了经济高质量发展的技术基础。

4. **人力资本大幅提升，为经济高质量发展提供战略性保障**

义务教育全面普及，高中阶段教育基本普及，高等教育在学总规模达3 700万人，毛入学率达到42.7%。各级各类教育规模均居世界第一位，入学率达到或超过中高收入国家平均水平。高素质人才培养集聚、人力资本不断积累，正在成为推动经济高质量发展的战略性条件。

5. **基础设施网络化水平提高，为经济高质量发展提供强大支撑**

截至2017年年底，全国铁路运营里程达到12.7万千米，其中高铁通车里程达2.5万千米以上；公路通车总里程为477万千米，其中高速公路总里程超过13.6万千米。城市轨道交通运营里程、沿海港口万吨级及以上泊位数量跃居世界第一。互联网上网人数超过7.5亿人,已经相当于欧洲人口总量。基础设施网络化水平提高,促进生产要素自由流动和统一市场建设,为经济高质量发展创造支撑条件。

6. 进一步推进改革开放,为经济高质量发展提供体制保障

中国经济发展和居民生活水平的大幅改善,靠的就是改革开放,"改革开放是决定当代中国命运的关键"已成为全社会的共识。2018年是改革开放40周年,将进一步激发全社会全面深化改革的决心,推进重大领域和关键环节改革,加强产权特别是知识产权保护,扩大服务业特别是金融业的对外开放。改革开放不断深化,将有效提高资源配置效率,在体制上为经济高质量发展提供保障。

三、2017年苏州服务贸易工作推进情况

1. 建立服务贸易统计体系

① 印发了《苏州市服务贸易统计创新工作方案》,在有关部门的大力协助下,苏州市商务局建立起可全面对接国际标准并覆盖世界贸易组织服务贸易总协定四种供应模式的服务贸易统计分析体系,取得了苏州市统计局苏统〔2016〕117号文《关于同意实施"苏州市服务贸易企业直报统计报表制度"的函》的支持。该体系包括基于国际外汇收支数据的统计、企业直报统计、自然人移动统计、外商附属机构服务贸易统计和中国附属机构服务贸易统计等5个统计子系统,可按月形成分地区、分行业、分国别的服务贸易国际收付汇统计表。

② 目前基于国际外汇收支数据的统计已经具有统计分析功能,基于企业直报的统计子系统已有近500家企业进行了在线注册,并针对企业直报工作中遇到的困难,研究提出新的解决方案。为继续推进统计工作,我们将企业数据采集工作通过政策购买服务的形式,交由社会企业或机构来完成。目前已经完成了招投标程序。这是一种服务贸易统计数据采集形式方面的新探索,希望通过这一创新探索,形成服务贸易数据采集的新模式。

③ 推进政企、行业间的联系制度建设。向各市区、相关部门印发了各市区及重点行业的服务贸易重点联系企业名单及其服务贸易收付汇数据,使得各地区、各相关行业管理部门首次全面了解服务贸易企业情况,建立起属地政府、行业主管部门与重点企业的联系协调制度。为完成服务贸易每年增长不低于15%的目标,苏州市除加大政策支持力度外,还将发展任务分解落实到各市区、各部门,每月通报发展进度,积极打造全市上下协同推进服务贸易发展的良好局面。

④ 加强政府部门间的协调,实现数据共享。针对自然人流动服务贸易数据采集的特殊性,苏州市商务局强化了与旅游局、教育局、公安局、统计局、税务局、人民银行苏州分行等部门的工作协调,通过部门间的数据共享,实现对自然人移动服务贸易相关

数据的采集，在综合评估的基础上，形成对全市自然人移动服务贸易数据的年度统计。目前各部门的数据共享工作推进较好。

⑤ 积极打造服务贸易统计工作队伍。多层次开展统计工作人员队伍培训，一是派人员参加商务部组织的专题统计业务培训；二是组织相关市区统计工作人员培训，先后组织了吴中区、昆山市和太仓市相关部门、开发区、乡镇及企业工作人员进行了统计业务专题培训。2017年12月又组织了全市200余家企业参加商务部的服务贸易重点企业统计培训会议。

2. 打造服务贸易促进政策体系

① 建立了重点企业、试验园区、公共服务平台的认定管理办法。2017年以来完成了《苏州市服务贸易创新发展试点园区认定管理办法》《苏州市服务贸易公共服务平台认定管理办法》《苏州市服务贸易重点企业认定管理办法》三份认定管理办法的制定、出台、政策解读工作，并联合各重点行业管理部门，经部门推荐、企业申报、地方初审、专家评审、部门会商、商务局网站公示等程序，认定了12个公共服务平台、33个试点园区、205家重点企业。为落实国家服务贸易公共服务平台扶持资金打好了政策基础。

② 强化对服务贸易市场开拓、重点类别出口等方面的支持。在新修订出台的《关于鼓励企业转型和创新发展的若干商务政策措施》中，制定了新的服务贸易政策条款，包括对企业软件、专利、版权、文化教育服务出口给予奖励。加大对企业参加国内外展会的支持力度。在制订贸易促进计划时，积极征求文化、旅游、知识产权等重点行业部门的意见，增加了服务贸易类展会的数量，鼓励更多服务贸易类企业参展。认真做好美国生物医药展、法国非物质遗产展、英国伦敦创意设计展、迪拜中东电子展、东盟博览会、亚欧博览会、京交会、中国技交会等国内外服贸交易会的招展组展工作。特别是带领镇湖刺绣团队参加第五届京交会，展示了苏州市服务贸易的发展成果。

③ 认真落实财政部等5部委《关于在服务贸易创新发展试点地区推广技术先进型服务企业所得税优惠政策的通知》（财税〔2016〕122号），与科技、国税、财政、发改等部门协同开展了政策的落实工作，向上报送了关于政策不明点的请示。与科技局等部门共同印发了申报技术先进型服务企业的通知并组织实施了相关申报工作，有2家企业符合此通知的要求，经认定为技术先进型服务企业。

④ 推进相关部门出台政策文件，促进服务贸易发展。充分利用"十三五"规划制定的契机，积极协调相关部门，在行业发展规划及政策制定过程中，将对服务贸易发展的支持和促进政策列入文件。通过相关部门出台的十多个文件，形成各行业共同推进服务贸易发展的政策体系。

⑤ 推进相关政策的落实。一是鼓励引进国际会议在我市召开。落实好《关于促进

会议展览业加快发展的政策意见》中对国际展览和会议的支持政策，对于在苏州市以市场化方式运作举办的国际会议、展览，达到奖励标准的给予政策奖励。二是实施境外游客购物离境退税政策，完成首批18家退税商店的备案认定和退税系统调试，并对这18家商店进行现场培训，现在该项业务已全面开展。

3. 积极推进服务贸易创新发展

（1）成立了苏州国际商会服务贸易专业委员会

以龙头企业引领、中小企业参与的组织形式，于2017年8月推动成立了苏州国际商会服务贸易专业委员会，充分发挥商会协调共商、机遇共享、合作共赢的平台作用，来促进苏州市服务贸易更快发展。

（2）大力推进服务贸易发展的创新突破

2016年苏州市向商务部报送了38项服务贸易改革创新新举措。2017年以来，积极协调各部门进一步落实创新发展的要求，并认真总结上报了20条创新举措，在打造太仓港国际贸易"单一窗口"、健全苏州综合金融服务平台、搭建文化服务贸易平台、建设江苏国际知识产权运营中心以及苏州国家高新技术产品入境维修检验检疫示范区、服务贸易统计以及政策制定等方面取得显著成效。

（3）积极向上争取，寻求政策突破

苏州市在2016年全市服务贸易创新发展推进大会上，印发了由苏州市商务局起草的《苏州市服务贸易创新发展试点政策诉求一览表》，鼓励各市区、各部门各显神通，积极向上争取政策。经过努力，争取境外游客购物离境退税等多项政策已获得突破。

（4）健全服务业双向开放保障体系

持续运营本土企业"走出去"投资促进、金融、法律、人才、宣传、企业家全球互助等六大服务平台。进一步发挥苏州市知识产权海外预警平台作用，为企业国际参展、国际贸易以及知识产权纠纷提供帮助。充分发挥金融服务平台的作用，为中小型服务贸易企业提供融资便利。

4. 加大力度开展服务贸易知识及政策宣讲

（1）开展政策宣讲

2017年8月商务部联合贸促会，组织苏州市160多家企业，进行了以"政策标准品牌金融——助推服务贸易创新发展"为主题的宣讲会。

（2）开展业务培训

苏州市商务局分管领导在市交通局及市知识产权局等重点行业部门组织的业务培训会上进行了国际运输及知识产权服务贸易创新发展的专题讲座。苏州市商务局相关处室还分别赴吴中区、昆山市和太仓市进行了业务培训与政策宣讲。

四、重点改革举措和创新经验

苏州市创新经验和改革举措涉及完善服务贸易管理体制、扩大服务业双向开放力度、培育服务贸易市场主体、创新服务贸易发展模式、提升便利化水平、优化服务贸易支持政策、健全服务贸易全口径统计体系和创新事中事后监管举措等9个方面的内容，共有70条创新经验，其中64条具有可复制可推广性。

表10 苏州市服务贸易创新发展试点创新经验和改革举措

领域	数量	序号	内容	是否有可复制可推广性
完善服务贸易管理体制	5	1	推进并联审批，规范中介服务及"多评合一"制度	是
		2	深化商事登记制度改革	是
		3	确定经报关的服务出口标准程序	是
		4	确定不经报关的服务出口标准程序	是
		5	积极推进游客入境消费退税工作	是
扩大服务业双向开放力度	10	6	减少准入限制，形成服务业全面开放格局	是
		7	以开放推动创新，实施"企业创新国际化示范工程"	是
		8	利用国家合作试验区试点服务业开放项目	否
		9	持续推进商业保理业务试点	否
		10	发挥"苏企海外通"平台作用，为本土企业"走出去"保驾护航	是
		11	建设苏州市知识产权海外预警平台	是
		12	加强对重点行业出口的支持	是
		13	引导企业参加境内外服务贸易类展会	是
		14	多措并举，加强苏州旅游资源的国际营销	是
		15	举办文化"走出去"活动	是
培育服务贸易市场主体	8	16	推进创新型企业和品牌企业培育工作	是
		17	加强政策引领，支持平台经济发展	是
		18	依托大型服务贸易主体，培育公共服务平台	是
		19	引导企业加强知识产权品牌建设	是
		20	搭建知识产权服务贸易和运营大平台	是
		21	搭建苏州综合金融服务平台，强化对中小企业发展的金融支持	是
		22	成立中小企业发展服务机构，支持中小企业发展	是
		23	开展国际技术转移和专利运营领域对外合作	是

续表

领域	数量	序号	内容	是否有可复制可推广性
创新服务贸易发展模式	10	24	推动跨境电商全业务模式发展	是
		25	以示范区建设引领国际维修和维护服务贸易创新	是
		26	推进虚拟口岸建设	是
		27	推进跨境电商与国际物流对接	否
		28	发展公、铁、水、集装箱多式联运	是
		29	推进智慧物流发展	是
		30	做强"苏满欧"国际五定班列,促进口岸物流发展	否
		31	深化人民币跨境业务创新	否
		32	推动在苏设立跨国公司跨境财务结算中心	否
		33	开展知识产权投融资试点	是
提升便利化水平	11	34	海关以"保税+"的形式优化监管机制和监管模式	是
		35	创建国际维修检验、监管模式,推广至全省	是
		36	探索跨境电商便利化监管模式	是
		37	拓展苏州跨境电商"单一窗口"功能	是
		38	畅通生物制品通关渠道	是
		39	依托"互联网+"手段,简化检验检疫流程	是
		40	跨区域推进通关便利化,先行先试成效显现	是
		41	依托海关特殊监管区域,支持服务出口	是
		42	对接苏州"单一窗口"与东盟"单一窗口"数据,实现"一次通关",提高跨境电子商务通关便利性	是
		43	建立跨境服务贸易综合服务平台	是
		44	建立市场采购贸易综合服务平台	是
优化服务贸易支持政策	13	45	落实外经贸发展专项资金,加强地方配套支持	是
		46	出台技术先进型服务企业的认定管理办法,落实税收优惠政策	是
		47	建立企业自主创新金融支持中心	是
		48	创新信用融资,为服务贸易企业提供融资便利	是
		49	创新特色金融服务	是
		50	设立知识产权、文化创业、信用保证、投贷(保)联动及并购等五大引导基金	是

续表

领域	数量	序号	内容	是否有可复制可推广性
优化服务贸易支持政策	13	51	落实服务外包保税监管政策，引导企业保税进口设备	是
		52	实施新的重点产业紧缺人才计划，加大对服务贸易类人才的激励力度	是
		53	组织国际精英海外创业大赛	是
		54	加快海外引智布点，海外引智工作半径进一步延展	是
		55	持续发布苏州重点产业紧缺人才需求目录，引导全市人才合理配置	是
		56	推进"外国人入境就业许可"和"外国专家来华工作许可"两证合一制度	是
		57	建设跨境贸易小镇，为跨境电商发展搭建新载体	是
健全服务贸易全口径统计体系	7	58	制订《苏州市服务贸易统计创新工作方案》	是
		59	加强政府部门间协调，推进数据共享	是
		60	创新企业直报系统数据采集新方法	是
		61	建立基于商业存在的服务贸易统计体系	是
		62	发布《苏州市服务贸易发展报告》	是
		63	建立以外汇收付汇为依据的统计考核体系，并实际运用	是
		64	创新以服务外包出口收汇为指标的服务外包考核评价方式	是
创新事中事后监管举措	4	65	建立对外投资经济合作事中事后监管制度	是
		66	搭建旅游市场综合监管平台	是
		67	建立专利违法行为公示制度	是
		68	通过多项措施保障诚信体系建设	是
其他创新举措	2	69	编写《服务贸易支付指引》，为企业跨境收付汇提供指导	是
		70	完善"苏州好行"旅游咨询服务体系，助推旅游服务贸易发展	是

五、2018年苏州服务贸易工作发展规划

1. 继续贯彻落实国家关于服务贸易发展的战略部署

巩固服务贸易创新发展试点各项成果，深化服务贸易便利化措施探索，强化服务贸

易促进政策体系及管理体制的建设，推进服务贸易加快发展。

2. 盯紧服务贸易发展目标

根据苏州市服务贸易创新发展试点推进会的要求，采取积极措施，分解落实服务贸易发展任务，确保实现年度10%的增长目标。抓住高水平小康社会指标体系落实的有利时机，推进服务贸易管理体制的建设和考核体系的完善。

3. 强化服务贸易统计系统建设

在2017年建设的基础上，大力推进商务部服务贸易统计系统的直报工作和市服务贸易统计系统的数据采集工作，研究两个系统数据采集的并行措施，减轻企业负担，提高统计成效，形成苏州市服务贸易全口径统计体系，为服务贸易创新发展提供数据支撑。

4. 抓准一批重点平台发展重点企业

继续推进创新发展试点七大重点行业三年行动计划的落实，协调各市区、各牵头部门以重点平台、重点园区、重点企业为抓手，以行业、企业发展需求为导向，强化服务，推动服务贸易重点行业企业加快发展。

5. 开展服务贸易培训计划

针对全市服务贸易创新发展的需求，制订服务贸易创新发展培训计划。一方面，加强对各级政府部门工作人员的培训，努力打造一支服务贸易创新发展的政府人才队伍；另一方面，针对企业发展需求，加强各类政策法规及业务培训，给企业送政策、送服务。

2019年苏州服务贸易发展总报告

一、服务贸易发展情况

(一) 2018年我国服务贸易发展情况

根据商务部统计,2018年全年我国实现服务贸易进出口总额52 402亿元,同比增长11.5%。其中,出口额为17 658亿元,进口额为34 744亿元,服务逆差为17 086亿元,与上一年基本持平。服务贸易进出口规模创历史新高,结构持续优化,质量明显提升。我国服务贸易进出口规模连续5年保持世界第二位。

1. 服务贸易出口增速显著高于进口

随着我国制造能力向生产性服务能力逐步扩展,专业服务领域竞争力逐步提升,2018年我国服务贸易出口增幅达14.6%,是2011年以来出口的最高增速,出口增速比进口高4.6个百分点,服务贸易出口增速创8年来新高。

表1 2018年我国服务贸易进出口情况

项目	进出口总额	出口额	进口额
总额/亿元	52 402	17 658	34 744
同比增长	11.5%	14.6%	10%

注:数据来源于商务部。

2. 服务贸易结构持续优化

2018年,我国服务贸易高质量发展取得积极进展。知识密集型服务进出口额为16 952.1亿元,同比增长20.7%,高于整体增速9.2个百分点,占服务贸易进出口总额的32.4%,比上一年提升2.5个百分点;旅行、运输和建筑等三大传统服务进出口总额为33 224.6亿元,增长7.8%,占服务贸易进出口总额的63.4%,比上一年下降2.2个百分点。

表2 2018年我国服务贸易结构分析

服贸结构	进出口总额/亿元	同比增长	占比
知识密集型服务	16 952.1	20.7%	32.4%
传统服务	33 224.6	7.8%	63.4%

注:数据来源于商务部。

3. 高端生产性服务需求和出口竞争力同步增长

知识产权使用费进口增幅较大。知识产权使用费进口额为2 355.2亿元，同比增长22.0%；出口额为368亿元，同比增长14.4%。技术服务出口额为1 153.5亿元，同比增长14.4%；进口额为839.2亿元，同比增长7.9%。这表明我国对高端生产性服务需求仍然旺盛，同时高端生产性服务出口竞争力也在提升。

表3 高端生产性服务进出口分析

高端生产性服务类型	进口额/亿元	同比增长	出口额/亿元	同比增长
知识产权服务	2 355.2	22.0%	368.0	14.4%
技术服务	839.2	7.9%	1 153.5	14.4%

注：数据来源于商务部。

4. 东部地区进出口规模持续扩大

服务贸易区域发展相对集中。东部沿海11个省市服务贸易进出口总额为45 037.6亿元，占全国服务贸易进出口总额的86.6%。其中，上海、北京和广东服务贸易进出口总额均过万亿元，居全国前三位。中西部地区服务贸易进出口额合计为6 952.4亿元，同比增长4.8%，占全国服务贸易进出口总额的13.4%。

表4 东西部地区服务贸易进出口分析

地区	进出口总额/亿元	占比
东部	45 037.6	86.6%
中西部	6 952.4	13.4%

注：数据来源于商务部。

5. 引领示范作用不断增强

服务贸易创新发展试点地区进出口总额的占比提升。2018年，17个服务贸易创新发展试点地区服务贸易进出口总额为39 870.1亿元，占全国服务贸易进出口总额的76.7%，高于全国平均增速5.1个百分点。其中，服务出口和进口额分别为13 749.9亿元和26 120.2亿元，增速分别为18.1%和15.8%，均高于全国平均增速。国家出台的支持服务贸易创新发展的政策效果正在显现，对稳预期、促增长发挥了重要作用。

表5 服务贸易创新发展试点地区进出口分析

地区	进出口总额/亿元	占比	出口额/亿元	增速	进口额/亿元	增速
17个	39 870.1	76.7%	13 749.9	18.1%	26 120.2	15.8%

注：数据来源于商务部。

(二) 2018 年江苏服务贸易发展情况

2018 年,江苏全省服务贸易继续保持平稳增长势头,进出口总额突破 680 亿美元,再创历史新高。全省服务贸易运行情况如下:

(1) 服务贸易额继续扩大,服务贸易总额占对外贸易总额的比重微幅上升

2018 年,全省完成服务贸易进出口总额 682.61 亿美元,同比增长 10.41%。其中,出口额 239.59 亿美元,同比增长 7.18%;进口额 443.03 亿美元,同比增长 12.24%。服务贸易总额占对外贸易总额的比重为 10.98%,较上一年上升 1.3 个百分点。

(2) 各市服务贸易额均上涨,苏南地区依然为领头羊

从增速看,大部分设区市服务贸易额的增速在 10% 以上,徐州、连云港、宿迁三市体量小增速快,全年同比增长分别为 25.80%、14.61%、27.82%,增速列全省前三。全省无城市同比下降。从地域看,苏南服务贸易进出口额占全省的比重为 85.90%。苏州、南京、无锡分列全省前三,苏州服务贸易在全省依然独占鳌头,进出口总额为 329.37 亿美元,同比增长 9.25%,占全省的比重为 48.25%;南京进出口总额为 121.08 亿美元,同比增长 12.37%,占全省的比重为 17.74%;无锡进出口总额为 88.16 亿美元,同比增长 11.47%,占全省的比重为 12.92%。苏中三市占全省的比重为 8.73%,苏北五市占全省的比重为 5.53%。

表6 2018 年江苏省服务贸易进出口情况 (分市)

地市名称	进出口			出口			进口		
	总额/亿美元	增幅/%	占比/%	总额/亿美元	增幅/%	占比/%	总额/亿美元	增幅/%	占比/%
江苏省	682.61	10.41	100.00	239.59	7.18	100.00	443.03	12.24	100.00
南京	121.08	12.37	17.74	41.16	13.70	17.18	79.91	11.69	18.04
无锡	88.16	11.47	12.92	30.46	12.10	12.71	57.71	11.13	13.03
徐州	11.27	25.80	1.65	2.62	23.90	1.09	8.65	26.39	1.95
常州	31.33	11.69	4.59	8.21	14.12	3.43	23.12	10.85	5.22
苏州	329.37	9.25	48.25	124.09	3.39	51.79	205.28	13.13	46.34
南通	31.88	7.93	4.67	9.59	2.60	4.00	22.29	10.39	5.03
连云港	8.25	14.61	1.21	1.99	9.67	0.83	6.26	16.28	1.41
淮安	5.51	2.50	0.81	1.55	14.91	0.65	3.96	-1.65	0.89
盐城	9.58	3.40	1.40	2.68	-11.37	1.12	6.90	10.55	1.56
扬州	12.52	5.25	1.83	3.81	6.40	1.59	8.71	4.75	1.97

续表

地市名称	进出口			出口			进口		
	总额/亿美元	增幅/%	占比/%	总额/亿美元	增幅/%	占比/%	总额/亿美元	增幅/%	占比/%
镇江	16.45	14.26	2.41	7.97	25.01	3.33	8.48	5.71	1.91
泰州	12.26	5.75	1.80	3.14	−9.56	1.31	9.11	12.30	2.06
宿迁	3.13	27.82	0.46	0.77	22.53	0.32	2.37	29.62	0.53

注：数据来源于省外汇管理局。

（三）2018年苏州服务贸易发展情况

1. 国际收支服务贸易发展情况

随着国家服务贸易创新发展试点工作的深入，苏州全市服务贸易以其他商业服务、知识产权、加工、旅游、国际运输等重点行业为突破口，全面推进服务业双向开放，通过加大政策支持力度、优化政务服务环境、推进服务贸易便利化措施、积极打造服务贸易品牌，不断优化便利化的营商环境，推动全市服务贸易实现高质量的快速发展。2018年以来服务贸易出口持续保持增长态势，标志着苏州市服务贸易出口能力持续提升。从运行情况看，全市服务贸易主要有以下特点。

（1）服贸规模快速增长

2018年，苏州市服务贸易继续保持稳定增长态势，全市服务贸易外汇收付汇额为141.86亿美元，同比增长2.2%，增速较上一年迟缓。从全省看，苏州市服务贸易进出口总额连续多年位居全省首位，占全省服务贸易进出口总额的48.25%。从企业运行情况看，服务贸易额排名前十的企业进出口总额为35.95亿美元，同比增长3.6%，占全市服务贸易进出口总额的26.17%。从排名前十的企业的主要服务贸易类别看，知识产权服务贸易类有4家，加工服务有4家，电子计算机和信息服务有1家，专业管理和咨询服务有1家。

（2）服务贸易结构持续改善

苏州市服务贸易虽然正逐步从依赖传统服务领域向新业态、新领域转变，但是运输、加工、建设三大传统行业在服务贸易总额中的占比从2017年的20.8%上升到2018年的22.41%。文化和娱乐服务、电子计算机和信息服务、别处未涵盖的知识产权服务、其他商业服务等新兴服务行业，占2018年服务贸易进出口总额的比重上升至59.25%。其中，别处未涵盖的知识产权服务进出口额差距加大。2018年，别处未涵盖的知识产权服务贸易进出口总额为32.33亿美元，其中出口额为0.16亿美元，进口额为32.17亿美元，进出口总额逆差达32.01亿美元，进口需求旺盛。金融服务极速增长。虽然金融服务仅占全市服务贸易进出口总额的0.22%，但其增长速度之快，且保持贸易顺差状态，是值得其他行业类别学习的。

表7 2018年苏州市服务贸易国际收支分行业统计表

单位：亿美元

分行业	进出口总额		出口额		进口额	
	12月	累计	12月	累计	12月	累计
总额	11.45	141.86	5.68	59.35	5.77	82.51
旅行服务	0.19	18.82	0.05	0.95	0.13	17.87
运输服务	0.67	8.50	0.49	6.12	0.17	2.38
文化和娱乐服务	0.03	0.27	0.01	0.07	0.02	0.20
国际维修和维护服务	0.20	6.69	0.11	5.93	0.09	0.76
别处未涵盖的知识产权服务	2.45	32.33	0.00	0.16	2.45	32.17
金融服务	0.22	0.33	0.21	0.21	0.01	0.12
保险服务	0.02	0.16	0.01	0.09	0.01	0.07
加工服务	2.38	21.28	2.31	20.33	0.08	0.95
建设服务	0.21	2.01	0.09	1.29	0.12	0.72
其他商业服务	3.99	43.06	1.61	19.09	2.38	23.97
电子计算机和信息服务	1.09	8.39	0.78	5.10	0.31	3.30
别处未涵盖的政府货物和服务	0.00	0.03	0.00	0.01	0.00	0.01

（3）服务贸易伙伴覆盖全球

苏州市服务贸易伙伴覆盖五大洲，近200个国家或地区。服务贸易进出口总额排名前五的国家或地区是美国、德国、中国香港、中国台湾、日本，分别占全市服务贸易进出口总额的12.7%、11.5%、11.4%、10.8%、10.8%。服务贸易出口额排名前五的国家或地区是中国香港、中国台湾、美国、日本、新加坡，分别占全市服务贸易出口总额的20.0%、19.4%、13.4%、11.9%、9.7%。服务贸易进口额排名前五的国家或地区是德国、美国、荷兰、日本、中国香港，分别占服务贸易进口总额的16.7%、12.2%、10.4%、9.9%、5.2%。

（4）服务贸易市场主体竞争力增强

据统计，2018年度苏州全市有399家服务贸易进出口总额超过500万美元的企业，215家服务贸易进出口总额超过1 000万美元的企业，排名前十的企业服务贸易进出口总额稳步提高。新兴产业中的服务贸易企业发展势头迅猛，创发信息科技（苏州）有限公司，由2017年排名第12上升至2018年排名第8；金红叶纸业集团有限公司，由2017年排名第29上升至2018年排名第10。2018年，苏州市离岸执行额超500万美元的规模型企业有196家。金唯智生物科技、凌志软件等4家企业获评"2018年中国服务外包百强企业"。2018年全市新增通过CMM/CMMI3级以上企业5家，通过ISO27001国际认证的企业数为9家。2018年苏州市有60家企业通过技术先进型服务企业认定，数量居全省首位。苏州服务外包企业成长迅速，技术能力和专业服务水平显著提升。

（5）服务外包继续保持稳定发展

2018年，苏州市完成接包合同额117.90亿美元，离岸执行额48.26亿美元，分别占全省总额的19.71%和20.61%。全市服务外包实现了信息技术外包（ITO）、业务流程外包（BPO）和知识流程外包（KPO）领域的全覆盖发展，并形成了软件研发、信息技术服务、工业设计、生物医药研发等四大服务外包优势业态。重点领域集聚发展，业态优化逐步向高端攀升。2018年，离岸ITO、BPO和KPO占全市服务外包总量的比重分别为27.45%、18.69%和53.86%，KPO占比高于全省16.86个百分点，服务外包高端业务比重持续位居全省前列。

表8　2018年苏州市服务外包情况表

地区	累计新增企业数/家	接包合同额			离岸执行额			新增受训人数/人	
		12月	当年累计/万美元	同比/%	12月	当年累计/万美元	同比/%	12月	当年累计
全市	135	102 108	1 179 042	0.72	54 205	482 559	-8.23	68	4 083
姑苏区	0	632	1 868	—	7	59	—	0	0
工业园区	26	40 228	461 290	7.93	18 647	200 315	6.22	50	-137
高新区	78	29 235	351 704	-2.22	19 197	148 485	-23.75	18	3 528
吴中区	2	1 656	34 896	7.67	1 238	11 174	9.84	0	32
相城区	9	79	1 522	—	14	859	—	0	307
吴江区	1	176	10 261	-47.78	182	8 067	-31.58	0	65
常熟	1	2 813	23 077	-8.31	2 386	20 686	11.06	0	0
张家港	5	1 430	24 035	-34.06	777	2 662	-61.53	0	80
昆山	6	18 113	183 428	4.08	9 032	55 743	-10.24	0	44
太仓	7	7 745	86 960	-4.69	2 727	34 509	6.29	0	164

2. 商业存在服务贸易发展情况

（1）外商附属机构服务贸易情况

外商附属机构服务贸易是指外商在我市投资企业（中方股权占50%以上）或代理机构为我国消费者和他国消费者提供服务所取得的收入。2018年共有2 603家外商附属机构在苏州进行投资，累计投资总额达704.6亿美元。全年外商附属机构服务贸易实现营业收入5 107.7亿元，纳税285.9亿元，从业人数达35.1万人。

表9 2018年苏州市外商附属机构服务贸易分地区情况

	企业数/家	投资总额/亿美元	纳税总额/亿元	累计营业收入/亿元	累计从业人数/万人
总额	2 603	704.6	285.9	5 107.7	35.1
姑苏区	41	2.7	0.5	8.9	0.4
吴中区	188	27.5	10.2	188.3	1.7
相城区	116	24.5	6.4	98.7	1.2
高新区	217	60.4	22.1	364.2	3.2
园区	537	158.2	85.6	1 140.2	5.9
吴江区	213	54.3	22.6	450.1	5.1
常熟	187	131.7	47.9	739.9	3.4
张家港	182	52.3	23.8	924.2	2.3
昆山	711	136.5	49.8	881.7	9.3
太仓	211	56.5	16.8	311.6	2.6

（2）中国附属机构服务贸易情况

中国附属机构服务贸易是指我市企业在境外投资（中方股权占50%以上）的企业或代理机构为所在国（或地区）和其他成员的消费者提供服务所取得的收入。2018年我市共有1 343家企业在境外开展投资，共完成销售（营业）收入165.87亿美元，年末从业人数41 281人，其中中方人员8 091人。

表10 2018年苏州市中国附属机构服务贸易分产业投资情况

	企业数/家	年末从业人员数/人	其中：中方人员数/人	销售（营业）收入总额/万美元
总额	1 343	41 281	8 091	1 658 662.69
第一产业	10	275	36	383.04
第二产业	510	31 787	3 566	412 599.28
第三产业	823	9 219	4 489	1 245 680.37

按投资国别或地区分析，亚洲是苏州市企业开展境外投资、实现收入最多的地区，共有580家企业在亚洲进行投资，实现销售（营业）收入122.5亿美元。中国香港、美国、新加坡和日本等是苏州市企业开展境外投资最青睐的10个国家或地区，苏州市共有755家企业在这些国家或地区进行投资，占苏州市企业总数的71.09%。中国香港、开曼群岛、美国等是苏州市企业境外投资实现销售（营业）收入最多的10个国家或地区，共实现销售（营业）收入149.33亿美元，占苏州市企业境外投资收入总额的93.59%。

表11 2018年苏州市中国附属机构服务贸易按国别或地区发展情况（前10位）

排名	投资企业数量排名		实现销售（营业）收入排名	
	所在国家或地区	企业数/家	所在国家或地区	销售（营业）收入总额/万美元
1	中国香港	298	中国香港	999 744.4
2	美国	189	开曼群岛	171 058.77
3	新加坡	42	美国	99 260.81
4	日本	41	新加坡	56 406.83
5	埃塞俄比亚	35	泰国	54 753.22
6	开曼群岛	34	日本	23 329.29
7	德国	33	印度尼西亚	22 860.44
8	澳大利亚	33	越南	22 587.15
9	中国台湾	29	南非	22 245.35
10	韩国	21	中国台湾	21 013.13
	合计	755	合计	1 493 259.39

按所属产业分析，第三产业是苏州企业对外投资的重点，全市共有823家企业在境外进行服务业投资，占我市境外投资企业总数的61.28%，完成销售（营业）收入124.57亿美元，贡献了占我市企业境外投资总收入75.10%的销售（营业）收入。

按第三产业细分行业分析，苏州市中国附属机构投资的行业较为集中。批发业、商务服务业、批发和零售业、软件和信息技术服务业、互联网和相关服务这5大行业的企业数量为562家，占全部行业企业的41.85%，完成销售（营业）收入115.54亿美元，占全部行业销售（营业）收入的69.66%。

表12 2018年苏州市中国附属机构服务贸易第三产业细分行业投资情况（前十）

行业类别	企业数/家	年末从业人员数/人	其中：中方人员数/人	销售（营业）收入总额/万美元
批发业	310	2 346	535	629 404.64
商务服务业	120	533	127	326 389.21
批发和零售业	66	230	60	99 197.06
软件和信息技术服务业	55	1 270	113	65 971.60
互联网和相关服务	11	3 189	3 177	34 470.00
零售业	32	93	30	25 232.02
其他金融业	2	2	2	20 909.82

续表

行业类别	企业数/家	年末从业人员数/人	其中：中方人员数/人	销售（营业）收入总额/万美元
租赁和商务服务业	14	8	6	11 249.02
房地产业	27	43	19	9 238.51
其他服务业	30	199	140	7 222.63

3. 自然人移动服务贸易发展情况

2018年，苏州实现自然人移动服务贸易进出口总额68.2亿美元，其中出口额为26.8亿美元，进口额为41.4亿美元，逆差为14.6亿美元。其中旅行所产生的自然人移动服务贸易进出口总额最高，为51.98亿美元，占全市自然人移动服务贸易进出口总额的76%。2018年在苏留学的学生共有16 118人，其中外籍学生9 240人、港澳台华侨子女6 878人，共完成留学及教育相关旅行出口额11 851.47万美元。

表13　2018年苏州市自然人移动服务贸易发展情况

单位：万美元

项目	进出口总额	出口额	进口额
旅行	519 472.29	264 174.39	255 297.90
——就医及健康相关旅行	2 587.49	122.92	2 464.57
——留学及教育相关旅行	103 079.00	11 851.47	91 227.53
——其他旅行	413 805.80	252 200.00	161 605.80
劳务外派人员	3 906.00	3 906.00	0
外国人在苏就业	158 620.00	0	158 620.00
总额	1 883 468.87	800 335.17	1 083 133.70

数据来源：主要为服务贸易国际收支数据，部分采用相关职能部门数据。其中——
　　留学及教育相关旅游出口和进口：使用苏州市教育局留学生人数数据；
　　其他旅游进口：使用个人旅游用途购汇数据；
　　其他旅游出口：使用苏州市旅游局入境旅游数据。

二、服务贸易发展形势

（一）世界经济继续温和增长，但动能有所放缓

2018年以来，世界经济继续温和增长，但动能有所放缓。主要经济体增长态势、通胀水平和货币政策分化明显，美国经济表现超出市场预期。美联储持续加息，新兴经

济体资本流出加剧,金融市场持续震荡。保护主义和单边主义抬头,美国、墨西哥和加拿大达成新的高标准贸易协定,WTO改革箭在弦上,国际经济规则酝酿深刻调整。从总体上来看,美国的系列政策举措成为2018年影响世界经济增长、扰动国际金融市场和改变国际经贸规则的主要源头。

一方面,在新一轮科技革命和产业变革尚未实现重大突破的情形下,主要发达经济体的经济增速已经达到甚至超过其潜在增长率,当前相对强劲的增长伴随通胀率的明显上升,恐怕难以为继。另一方面,受保护主义抬头等因素影响,国际贸易和跨境投资作为世界经济增长的重要动能,2018年以来表现不佳。国际货币基金组织预计,2018年全球货物贸易量增长3.9%,远低于2017年5.1%的增速。荷兰国际集团报告甚至预测,2018年全球货物贸易增速将降至2.6%,再次低于全球经济增速。联合国贸易发展会议报告显示,主要受美国税改推动其跨国公司利润回流影响,2018年上半年全球直接投资同比下降41%。

(二) 我国服务贸易发展稳中求进

2018年,中国坚持稳中求进的工作总基调,以供给侧结构性改革为主线,着力打好"防范化解重大风险、精准脱贫、污染防治"三大攻坚战,稳妥应对中美经贸摩擦,国民经济运行总体平稳,稳中有进,全年经济增速预计为6.6%。但经济运行稳中有变、变中有忧,国际政治经济环境更加严峻,中美经贸摩擦不确定性明显上升;民营企业经营困难增加,基建投资回落过快,消费增速减慢,经济下行压力加大;房地产泡沫较大,金融风险不断暴露;社会预期不稳,信心不强。2019年,要着力激发微观主体的活力,继续实施积极的财政政策和稳健中性的货币政策,落实"稳就业、稳金融、稳外贸、稳外资、稳投资、稳预期"政策,保持经济持续健康发展。

基于2016年以来中国供给侧结构性改革取得阶段性成效、经济稳中向好、世界经济继续复苏的实际情况,2018年,中国继续推进供给侧结构性改革,把打好"防范化解重大风险、精准脱贫、污染防治"三大攻坚战作为全年经济工作的主要任务,加快结构性去杠杆步伐,加强金融监管。但2018年4月后,一些难以预料的问题先后出现,中美经贸摩擦爆发、民营企业出现信用风险、基建投资下滑、股市大跌,市场预期混乱。面对这一局面,中央审时度势,在保持战略定力的同时,于2018年7月31日提出了"稳就业、稳金融、稳外贸、稳外资、稳投资、稳预期"的政策措施,释放出继续鼓励民营企业发展和深化对外开放的政策信号,和美国达成继续谈判的协议,社会预期开始好转,信心有所增强。从总体上来看,2018年经济运行总体平稳,稳中有进,稳中有变,变中有忧。

三、2018年经济形势基本稳定

2018年以来,面对严峻的国际形势和国内艰巨的改革发展任务,中国按照高质量发展总要求,以深化供给侧结构性改革为主线,打好三大攻坚战,统筹推进稳增长、促改革、调结构、惠民生、防风险各项工作,国民经济运行总体平稳、稳中有进。

(一)经济基本维持在合理区间

2018年,中国国内生产总值同比增长6.6%,比上一年同期小幅回落0.2个百分点。四个季度经济分别增长6.8%、6.7%、6.5%和6.4%。规模以上工业增加值增长6.4%。物价走势温和适中,全年居民消费价格上涨2.1%,受蔬菜、石油价格和医疗价格上涨的影响,涨幅比上一年同期提高0.6个百分点。生产领域价格总体平稳,全国工业品生产价格上涨3.5%,涨幅比上一年同期回落2.8个百分点,工业价格和居民消费价格剪刀差收窄。就业规模持续扩大,全国城镇就业总量达到4.34亿人,新增就业人数1 361万人,超额完成全年目标。农民工总量达到28 836万人,比上一年同期增加184万人。全国城镇调查失业率稳中有降,维持在5%左右。国际收支基本平衡,中美贸易摩擦对出口和外资的影响还没有显现。

(二)经济结构持续优化

第三产业占GDP的比重不断提高,对经济增长的拉动作用不断增强。三大产业增加值占GDP的比重分别为7.1%、40.7%和52.2%,第二产业和第三产业的比重分别提高0.2和0.3个百分点。消费对经济增长的拉动作用进一步增强,需求结构不断改善。虽然基建投资明显回落,但制造业、房地产、民间投资稳定,不含汽车类商品的零售总额增速逐季提高,服务消费需求旺盛,最终消费支出对GDP增长的贡献率为76.2%,比上一年同期提高18.6个百分点。居民收入增长与经济增长同步,城乡居民收入差距缩小。前三季度,全国居民人均可支配收入同比实际增长6.5%,与全年经济增长基本同步。城乡居民人均收入倍差2.69,比上一年同期缩小0.02。

(三)新增长动能有所提升

高技术产业、装备制造业、战略性新兴产业增加值增长速度明显高于整个规模以上工业。新能源汽车、光纤、智能电视等新产品产量保持较快增长。服务业中的战略性新兴服务业、高技术服务业的营业收入增长速度快于全部规模以上服务业。与居民消费升级相关的养老、医疗、旅游休闲、文化娱乐等服务行业供给水平提高。咨询、物流、信息、商务服务业快速发展，信息传输、软件和信息技术服务业发展势头较好。

（四）经济效益和质量有所提高

截至2018年11月末，全国工业实现利润同比增长11.8%，大大高于企业销售收入的增速。杠杆率降低，规模以上工业企业资产负债率为56.8%，同比下降0.4个百分点，特别是国有企业资产负债率下降明显，宏观杠杆率连续9个季度基本保持稳定。节能降耗扎实推进，能源消费结构继续优化。2018年全国能源消费总量同比增长3.4%，天然气、水电、核电、风电等清洁能源消费占能源消费总量的比重比上一年同期提高1.3个百分点，单位GDP能耗同比下降3.1%。

四、2018年苏州服务贸易工作推进情况

1. 服务贸易运行环境趋紧，增幅下滑

2018年以来，受到世界经济大环境变化的影响，苏州市服务贸易增速有所放缓。从企业收付汇情况来看，1—12月服务贸易收付汇总额同比增长5.12%，增幅较上一年同期上升2.52个百分点。2018年苏州服务贸易主要体现出以下六个特点。

（1）服务贸易结构持续改善

全市服务贸易正逐步从依赖传统服务领域向新业态、新领域转变。运输、加工、建设三大传统行业在服务贸易总额中的占比为22.41%，同比下降7.7个百分点。文化和娱乐服务、电子计算机和信息服务、别处未涵盖的知识产权服务、其他商业服务等新兴服务行业，贸易总额为84.05亿美元，占服务贸易收付汇总额的59.25%，同比上升17.5个百分点。

（2）进出口逆差有所放大

2018年1—12月，苏州市服务贸易收付汇逆差额为23.16亿美元，比上一年同期增加2.58亿美元，贸易逆差进一步加大。其中，出口额比同期下降1.82亿美元，同比下降6.6%；进口额比同期上升19.38亿美元，同比增长32.59%。从主要行业类别来看，旅行服务、国际知识产权服务、其他商业服务、文化和娱乐服务均为逆差，其中别处未涵盖的知识产权服务逆差达32.01亿美元，较上一年同期增加4.57亿美元，是逆差的最大来源。运输服务、保险服务、国际维修和维护服务、加工服务、建设服务、金融服务、电子计算机和信息服务七个行业为顺差，其中加工服务顺差额为19.38亿美元，比上一年同期增加3.75亿美元，为顺差的最大来源。

（3）服务贸易伙伴遍及全球

苏州市服务贸易伙伴覆盖五大洲，与近200个国家或地区发生服务贸易往来。服务贸易进出口总额排名前五的国家或地区是美国、德国、中国香港、中国台湾、日本，分

别占服务贸易进出口总额的12.7%、11.5%、11.4%、10.8%、10.8%。服务贸易出口额排名前五的国家或地区是中国香港、中国台湾、美国、日本、新加坡，分别占服务贸易出口额的20.0%、19.4%、13.4%、11.9%、9.7%。服务贸易进口额排名前五的国家或地区是德国、美国、荷兰、日本、中国香港，分别占服务贸易进口额的16.7%、12.2%、10.4%、9.9%、5.2%。

（4）主要出口市场增跌互现

2018年1—12月，苏州对第一大出口市场中国香港的出口额为11.92亿美元，同比增长75.5%，占比较上一年同期上升6.64个百分点。对第二大出口市场中国台湾的出口额为11.52亿美元，同比下降46.23%。对第三大出口市场美国的出口额为7.95亿美元，同比下降6.54%。1—12月苏州对东盟国家市场出口额增长较快，代表国家为新加坡和马来西亚，两个国家均进入1—12月苏州出口市场前十位。其中，对新加坡出口额约为5.78亿美元，同比增长109.88%；对马来西亚出口额约为3.89亿美元，同比增长1 146.1%。苏州前十大出口市场总体保持稳定，交易额占服务贸易进出口总额的84.97%，同比下降2.2个百分点。

（5）主要进口市场增长平稳

2018年1—12月，苏州从德国的进口额为13.75亿美元，同比下降9.64%，占比较上一年同期上升0.95个百分点，是苏州第一大进口市场。苏州从美国的进口额为10.09亿美元，同比下降6.77%，占比较上一年同期下降2.42个百分点。苏州前十大进口市场总体保持稳定，交易额占服务贸易进出口总额的80.38%，同比上升9.08个百分点。

（6）个别重点行业领域出现较大降幅

2018年1—12月，国际维修和维护服务、旅行服务、文化和加工服务同比分别下降36.18%、986.58%、11.24%，成为下降较为显著的行业。国际维修和维护服务环比下降67.2%，下滑趋势明显。由于该行业集中度高，单一公司业务波动成为影响该行业下降的主要原因。旅行服务主要受国内经济影响，出国旅游消费数据增幅明显。加工服务贸易数据持续下降，主要是受加工贸易转型的影响较大。加工服务成为拖累全市服务贸易进出口总额增长的重点行业。

2. 服务贸易创新发展试点工作扎实推进

（1）做好前一轮服务贸易创新发展试点自评估工作

2018年年初，根据商务部统一部署要求，按照试点评估工作标准，组织相关部门共同完成了全市服务贸易创新发展试点自评估报告，并接受了商务部服务贸易研究中心的现场评估。试点评估报告经苏州市政府通过，并在市政府报省政府同意后报商务部。

（2）做好服务贸易创新发展试点经验的宣传推广工作

经过前一轮2年的积极探索，各试点地区在管理体制、促进机制、政策体系、监管模式、新业态新模式等5个方面,形成了29条创新经验,经国务院批准向全国复制推广。根据商务部的统一安排及市主要领导的批示要求,协调有关部门,认真梳理总结前2年试点中苏州市取得的经验成果及相关材料,在《国际商报》刊发了两条苏州服务贸易创新发展的试点经验向全国推广;在面向国务院服务贸易发展部际联席会议办公室的《服务贸易简报》上发表了一篇文章。

(3) 持续推进服务贸易统计直报试点工作

通过召开行业统计专题工作会议、动员中标单位加强工作力量、开展统计工作中期验收等多种措施,推进直报统计工作按照要求有序推进,数据数量和质量得到稳步提升。截至2018年10月底,入库样本企业数已突破900家,达到了统计工作的要求。同期还落实了商务部服务贸易统计直报工作任务,组织了商务部指定的340多家服务贸易企业的统计培训,并督促300多家企业完成商务部统计直报的在线注册和数据直报任务。

(4) 完成新一轮深化试点实施方案的制订和上报工作

国务院于2018年6月1日印发了《关于同意深化服务贸易创新发展试点的批复》(国函〔2018〕79号),决定在苏州等17个省市(区域)深化服务贸易创新发展试点,试点期限自2018年7月1日至2020年6月30日。在商务部的指导下,根据省相关部门的意见,按期完成了《苏州市深化服务贸易创新发展试点实施方案》的制订和完善工作,并在报省政府批准同意后,经市政府将该实施方案报商务部备案。新的实施方案以前2年试点工作为基础,围绕商务部《深化服务贸易创新发展试点总体方案》提出的试点任务和要求,结合苏州发展实际,进一步明确了苏州市深化服务贸易创新发展试点的指导思想、目标任务,将深化试点总体方案中明确的8项深化试点任务细化成103条具体工作举措。

(5) 开展新一轮深化试点工作的组织推进

组织调整市服务贸易创新发展工作领导小组。目前各市区、各相关部门的领导报名工作已经完成,拟报请市政府对原市服务贸易创新发展工作领导小组组织人员进行调整,以便于下一轮试点工作的组织开展。组织各市区制订试点工作实施方案,组织行业牵头部门制订行业试点行动计划,要求各地区、各相关牵头部门要结合各自实际,围绕市试点实施方案的任务要求,各市区要选择发展较好的相关行业,各部门要选择有一定基础的地区,组织推进深化试点工作,注重创新探索,总结创新经验,力争通过试点有所突破,力争形成苏州经验,为苏州服务贸易加快发展提供新的动力。起草苏州市服务贸易创新发展工作指导意见。

3. 积极开展企业服务和业务指导

(1) 组织开展服务贸易公共服务平台、试验园区、重点企业的申报和认定工作

2018年新申报的公共服务平台、试验园区、重点企业分别为3个、9个和14家,

共有1个园区、6个平台和8家企业通过组织认定，通过认定的单位已报请市政府发文。

（2）落实各级服务贸易支持政策

2018年1—11月以来，兑现了企业参加境内外展会扶持资金363.3万元、国际服务贸易出口扶持资金162.2万元等项目；申报省级对外文化贸易出口项目资金90万元；组织15家企业申报国家资金技术出口贴息项目，实际出口金额为15 329万美元。组织国家重点服务出口和新兴服务出口政策资金的申报工作，目前该项工作仍在进行中。

（3）做好企业服务业务

2018年1—11月，共发放软件出口登记证200份，比上一年略有增长。办理货代企业备案23家。办理技术进出口合同备案登记1 647份，比上一年同期增长14.3%。其中，技术进口合同备案登记1 405份，比上一年同期增长13.2%；技术出口合同备案登记242份，比上一年同期增长19.8%。组织企业参加京交会，根据商务部及省厅的要求，在京交会上展示了苏州前2年的试点经验成果及相关企业形象，组织了绣娘参加现场刺绣表演和作品展示，欧瑞影业参与项目现场签约。各市区、相关企业有20多人到京交会参观学习。

4. 做好贸易促进工作

（1）积极落实贸易促进计划

加强政策宣传和推广，专门印刷了2018年苏州市贸易促进计划，并发放到各市区，要求各市区加强宣传组织工作。苏州市商务局在常年接受政策咨询的同时，针对2018亚欧博览会、中国技交会、法国非物质文化遗产展、伦敦创意设计展等一批重点展会项目，和省商务厅共同开展组展工作，引导企业积极参展，开拓市场，并帮助企业兑现相关扶持政策。

（2）促进了首个文化展团的成行

经过与文广新局近一年的策划推进，苏州市组成了首个以文化产品和服务为主的参展团，由市文化发展总公司牵头，组织了出展公司，在米奥兰特公司的支持下，苏州市第一个以"文化走出去"为主的参展团，参加了2018年在迪拜和印度的展会。苏州市商务局在组团招展专题会议上宣讲了有关的促进鼓励政策。

5. 编撰并出版《苏州服务贸易发展报告》

为进一步做好苏州服务贸易的基础性研究工作，系统地分析、介绍苏州服务贸易的发展现状及发展方向，苏州市商务局编撰了《2018—2019苏州服务贸易发展报告》，这是连续第二年出版《苏州服务贸易发展报告》。

第二部分 专题报告

服务贸易创新发展试点经验汇编

本汇编包括以下三部分内容：
一、国务院在全国推广的服务贸易创新发展试点经验
二、苏州市服务贸易创新发展试点报送商务部的试点经验
三、服务贸易创新发展试点经验推广落实情况汇总表
具体内容分别为：

一、服务贸易创新发展试点经验

序号	试点任务	试点经验	主要做法	试点地区	推广模式	责任主体
1	管理体制	建立服务贸易跨部门协调机制	各试点地区成立由政府负责同志挂帅、商务部门牵头、行业主管部门参与的服务贸易跨部门联席会议或工作领导小组，加强对服务贸易工作的统筹、领导、协调和推进。部分试点地区成立专门的工作机构，如海南省成立服务贸易促进局、江北区设立服务贸易创新发展中心，进一步强化服务贸易主管部门的职能和人员配备。	全部试点地区	借鉴推广	各省市（指导部门：商务部）
2		建设服务贸易统计监测体系	建设服务贸易统计监测、运行和分析体系，建立服务贸易重点监测企业制度，完善数据直报工作，并将服务贸易企业直报工作纳入统计执法。	全部试点地区	全国	统计局、商务部按职能分工负责
3		推动服务贸易统计的部门横向联动和数据共享	充分调动各横向部门推动服务贸易工作的积极性，打通本地区各级、各部门数据流通渠道，实现部门数据共享。相关部门可实时跟踪监测本领域服务贸易发展情况。	威海	借鉴推广	各省市（指导部门：商务部、各行业主管部门）

续表

序号	试点任务	试点经验	主要做法	试点地区	推广模式	责任主体
4	管理体制	将服务贸易发展情况纳入地方政府考核体系	地方政府高度重视服务贸易在促进地方经济发展中的作用，将服务贸易发展指标纳入地方政府目标绩效考核体系，重点考核服务贸易出口增速及占外贸的比重、服务贸易市场主体成长情况等。	上海、威海、杭州、苏州	借鉴推广	各省市
5	促进机制	支持服务贸易企业开拓国际市场	完善服务贸易企业国际市场开拓支持政策体系，支持企业设立海外分支机构、有序开展境外并购，以及申请国际认证、境外商标注册、境外宣传推广、参加国际服务贸易知名展会等国际市场开拓活动。	上海、广州、武汉、江北新区	借鉴推广	各省市（指导部门：商务部、发展改革委、财政部、外交部）
6	促进机制	搭建服务贸易发展金融支持平台	在依法合规的前提下，建立综合金融服务平台，为企业搭建涵盖丰富金融产品和增值服务一体化的"互联网＋金融"服务平台，实现企业需求与金融资源有效对接。建立地方企业征信系统，推进企业信用信息的授权采集，形成多维度、广覆盖的企业信用信息动态数据库。建立企业自主创新金融服务中心，通过银企双向沟通，量身定制金融产品，提高金融机构服务中小微企业自主创新的精准性和专业性。	苏州	借鉴推广	各省市（指导部门：人民银行、银保监会）
7	促进机制	为服务贸易企业拓展国际市场提供知识产权海外预警服务	建设知识产权海外预警平台，为服务贸易企业提供海外知识产权相关信息，以及海外知识产权预警服务，与优质服务机构合作，根据企业申请需求，提供海外知识产权预警分析报告。	苏州	借鉴推广	各省市（指导部门：知识产权局）
8	促进机制	探索地方层面与重点服务贸易伙伴在重点领域加强合作	结合本地政策优势与区位优势，创新与重点服务贸易伙伴在重点领域的合作方式。如广州在《关于建立更紧密经贸关系的安排》（CEPA）框架下深化与港澳特区在旅游、法律服务、金融服务、运输服务、文化体育、医疗健康养老、教育服务等领域的合作；成都打造"中国-欧洲中心"，搭建对欧开放平台；哈尔滨突出对俄合作，成立对俄电力合作联盟、中俄金融联盟，建立科技合作基地，作为自俄罗斯技术引进的重要载体。	广州、成都、哈尔滨新区	借鉴推广	各省市（指导部门：商务部等有关部门）

续表

序号	试点任务	试点经验	主要做法	试点地区	推广模式	责任主体
9	政策体系	落实技术先进型服务企业所得税优惠政策	贯彻落实技术先进型服务企业所得税优惠政策，每年度开展技术先进型服务企业认定工作，对符合条件的技术先进型服务企业（服务贸易类）减按15%的税率征收企业所得税；企业实际发生的职工教育经费支出不超过工资薪金总额8%的部分准予在计算应纳税所得税额时扣除，超过部分准予在以后纳税年度结转扣除。	全部试点地区	全国	财政部、税务总局、商务部、科技部、发展改革委
10		创新出口信用保险服务，加大对服务贸易的承保支持力度	扩大出口信用保险支持范围，将文化艺术产品和服务出口、离岸服务外包、信息技术服务出口、运输、技术贸易、医疗和生物医药服务、电信服务、旅游服务、教育服务、工程承包等列为重点支持行业。创新出口信用保险服务方式，加大对服务贸易的承保支持力度。	天津、上海、杭州	全国	财政部、商务部、银保监会
11		针对中小服务贸易企业开展知识产权质押融资	支持银行业金融机构在依法合规、风险可控、商业可持续的前提下开展知识产权质押融资业务，研发适合服务贸易企业需求的融资产品。探索建立风险补偿机制，构建知识产权质押贷款体系。	广州、深圳、苏州、武汉、江北新区、两江新区	全国	知识产权局、人民银行、银保监会
12		设立服务贸易创新发展引导基金	在国家层面设立服务贸易创新发展引导基金。试点地区通过利用现有资金渠道设立财政资金与社会资本共同参与、市场化运营的地方服务贸易创新发展引导基金，重点对新兴服务贸易企业和项目、服务贸易企业增强创新能力、开拓国际市场、开展境外并购等提供融资支持。	上海、深圳、威海、江北新区、哈尔滨新区	借鉴推广	各省市（指导部门：财政部、商务部）

续表

序号	试点任务	试点经验	主要做法	试点地区	推广模式	责任主体
13	政策体系	创新服务贸易融资政策	设立信用保证基金，基金公司与银行、担保公司（保险公司）按一定比例共担风险。设立联动引导基金，为有成长性、有发展前景的服务贸易企业提供"投资＋信贷""投资＋保证保险"等金融组合产品。设立并购引导基金，对企业跨国投资并购项目进行优先引导。创新信用融资，扩大"首贷""首保"范围。	苏州	借鉴推广	各省市（指导部门：银保监会）
14		依托商业银行建设服务贸易（试点）支行，创新金融支持方式	依托威海市商业银行、中国银行威海分行，在符合相关规定的前提下，设立服务贸易（试点）支行。在风险可控、商业可持续的前提下，探索推出国际物流运输服务贸易贷款、文化产品和服务出口信贷、境外投资贷款、高新技术产品进出口信贷等产品，综合采取多种方式，提供多样化的融资支持。	威海	借鉴推广	各省市（指导部门：人民银行、银保监会）
15		发挥出口信用保险对服务贸易的融资促进作用	出口信用保险公司与银行联动，探索运用保单融资等形式，推动服务贸易企业融资便利化。	杭州	借鉴推广	各省市、中国出口信用保险公司（指导部门：银保监会）
16		促进国际人才流动，为外籍高端人才在华工作居留提供便利	打造国际人才自由港，开设专门服务窗口，为外籍人才提供签证、工作许可、永久居留申请的快捷通道。设立专门的人才招揽机构，加大对海内外高层次人才的引进力度，出台宽松的人才引进政策。	武汉、成都、苏州、深圳、西咸新区	借鉴推广	各省市（指导部门：外交部、公安部、人力资源社会保障部、外专局）
17		优化国际留学生政策，促进教育服务贸易发展	扩大政府奖学金的资助规模，鼓励本地高校设立国际留学生奖学金。优化吸引国际留学生的制度化政策环境，允许国际留学生在政策规定的范围内参加勤工助学活动。为国际留学毕业生在华创新创业提供支持。加大海外招生宣传力度，组织高校开展高等教育招生推介活动，有针对性地开发重点市场。	海南、成都、哈尔滨新区	借鉴推广	各省市（指导部门：教育部、公安部）

续表

序号	试点任务	试点经验	主要做法	试点地区	推广模式	责任主体
18	监管模式	对多次进出境研发用产品免予办理强制性产品认证（3C免办）	将可申请免于办理强制性产品认证（3C免办）的适用条件扩展至境内多地科研测试和多次进出口的科研测试样机，开展3C免办产品协调监管，推动一地审批，全国使用，创新监管模式，解决企业研发测试样机多地使用问题。	两江新区	全国	市场监管总局、商务部
19		将服务贸易相关事项纳入国际贸易"单一窗口"	逐步将技术贸易、服务外包、国际会展、国际物流、国际航行船舶进出口查验等服务贸易相关事项纳入国际贸易"单一窗口"，实现部门数据共享和定期交换。	上海、深圳、广州	借鉴推广	各省市（指导部门：海关总署、商务部、交通运输部）
20		提升邮轮及旅客通关便利化水平，促进邮轮经济发展	推行"诚信船舶通关零待时"机制，在风险评估后，对低风险邮轮实施电讯检疫，提升邮轮通关效率和靠港作业速度。推行"自主通关、智能分类、风险选查"的智能化旅检通关模式，提高通关效率。	上海、广州	借鉴推广	各省市（指导部门：海关总署、交通运输部）
21		创新出入境特殊物品监管模式	实施出入境特殊物品检验检疫改革，为企业量身定制就近报检、即报即检、分级管理、现场查验、查验合格立即签发通关单、加强事中事后监管等6项便利化措施。创新监管模式，实现"口岸放行、平台查验、后续监管"。以风险评估的方式代替前置审批，优化卫生检疫监管流程，缩短通关时间，促进服务贸易发展。	广州、上海	借鉴推广	各省市（指导部门：海关总署）
22		"互联网+海关"改革	实施"互联网+海关"改革，推行"互联网+自助报关""互联网+互动查验""互联网+自报自缴""互联网+企业备案""互联网+自主管理"等通关模式改革，涵盖企业管理、货物报关、货物查验、税费缴纳等多个通关环节。企业通过"互联网+海关"平台，可随时随地办理企业备案、合同备案、货物报关、货物查验、税费缴纳等多项业务。	广州	借鉴推广	各省市（指导部门：海关总署）

续表

序号	试点任务	试点经验	主要做法	试点地区	推广模式	责任主体
23	监管模式	创新国际会展通关便利化举措	打造国际展品绿色通道。对于国际大型展会设立服务窗口，为企业"一窗办理"海关相关业务，为获得高级认证资格的企业提供"一对一"个性化服务。对展品简化强制性认证免办手续，全面启动检验检疫无纸化申报系统、移动查验平台。	广州	借鉴推广	各省市（指导部门：海关总署）
24	新业态新模式	依托大数据促进服务贸易数字化发展	设计较为完整的大数据脱敏、监管、交易机制，优化大数据交易制度环境，促进服务贸易数字化发展。	贵安新区	借鉴推广	各省市
25		推动"互联网+中医药服务贸易"融合发展	创新线上和线下相融合的中医药服务模式。发展远程中医药诊疗，探索通过互联网技术远程支持境外诊疗服务，建设"海上中医"国际医疗健康服务平台海外分中心。	上海、深圳	借鉴推广	各省市（指导部门：中医药局）
26		建设"一带一路"语言服务平台，推动语言服务贸易发展	建设基于大数据和移动互联网技术的语言服务平台，包括多语言全媒体呼叫中心、跨语言大数据中心、多语言定制App、多语言视频会议系统等板块，涉及政务、商贸、旅游、法律、教育、医疗、海关、边检等各个领域，满足各级政府、企事业单位、个人对"一带一路"沿线国家和地区在克服相关语言障碍和获取大量数据信息方面的需求，推动语言服务贸易发展。	西咸新区、武汉	借鉴推广	各省市
27		纪录片方案国际预售融资模式	广州国际纪录片节首创纪录片方案国际预售融资模式，帮助中国纪录片提案获得国际联合制作融资或引荐机会，推动"中国故事"走向国际市场，促进文化服务出口。	广州	借鉴推广	各省市
28		在跨境电商领域开展基于大数据的物流账款智慧管理业务	在跨境电商领域首创基于大数据的物流账款智慧管理业务，整合政府相关部门及跨境电商市场主体贸易数据，经过整理、建模等，评估各跨境电商企业信用值（分为AAA—BB五个等级），给予AA级信用以上跨境电商企业延长物流账期的优惠，降低中小微跨境电商企业成本，促进跨境电商行业发展。	杭州	借鉴推广	各省市

续表

序号	试点任务	试点经验	主要做法	试点地区	推广模式	责任主体
29	新业态新模式	创新跨境电商出口保险服务	创新跨境电商出口保险服务，与eBay、Amazon、Wish等海外知名电商平台系统对接，通过设定数据模型对出口电商交易的真实性、交易产品的合法性、保险赔付的可追溯性进行分析，与保险公司合作，为电商平台上大量小额、多频的交易和跨境物流提供保险服务，并建立具备自我纠偏功能的智能系统，可为10万家卖家定制不同的保险费率。	深圳	借鉴推广	各省市

二、苏州市服务贸易创新发展试点报送商务部的试点经验

领域	数量	序号	内容	是否有可复制可推广性
完善服务贸易管理体制	5	1	推进并联审批，规范中介服务及"多评合一"制度	是
		2	深化商事登记制度改革	是
		3	确定经报关的服务出口标准程序	是
		4	确定不经报关的服务出口标准程序	是
		5	积极推进游客入境消费退税工作	是
扩大服务业双向开放力度	10	6	减少准入限制，形成服务业全面开放格局	是
		7	以开放推动创新，实施"企业创新国际化示范工程"	是
		8	利用国家合作试验区试点服务业开放项目	否
		9	持续推进商业保理业务试点	否
		10	发挥"苏企海外通"平台作用，为本土企业"走出去"保驾护航	是
		11	建设苏州市知识产权海外预警平台	是
		12	加强对重点行业出口的支持	是
		13	引导企业参加境内外服务贸易类展会	是
		14	多措并举，加强苏州旅游资源的国际营销	是
		15	举办文化"走出去"活动	是

续表

领域	数量	序号	内容	是否有可复制可推广性
培育服务贸易市场主体	8	16	推进创新型企业和品牌企业培育工作	是
		17	加强政策引领，支持平台经济发展	是
		18	依托大型服务贸易主体，培育公共服务平台	是
		19	引导企业加强知识产权品牌建设	是
		20	搭建知识产权服务贸易和运营大平台	是
		21	搭建苏州综合金融服务平台，强化对中小企业发展的金融支持	是
		22	成立中小企业发展服务机构，支持中小企业发展	是
		23	开展国际技术转移和专利运营领域的对外合作	是
创新服务贸易发展模式	10	24	推动跨境电商全业务模式发展	是
		25	以示范区建设引领国际维修和维护服务贸易创新	是
		26	推进虚拟口岸建设	是
		27	推进跨境电商与国际物流对接	否
		28	发展公铁水集装箱多式联运	是
		29	推进智慧物流发展	是
		30	做强"苏满欧"国际五定班列，促进口岸物流发展	否
		31	深化人民币跨境业务创新	否
		32	推动在苏设立跨国公司跨境财务结算中心	否
		33	开展知识产权投融资试点	是
提升便利化水平	11	34	海关以"保税+"的形式优化监管机制和监管模式	是
		35	创建国际维修检验、监管模式，推广至全省	是
		36	探索跨境电商便利化监管模式	是
		37	拓展苏州跨境电商"单一窗口"功能	是
		38	畅通生物制品通关渠道	是
		39	依托"互联网+"手段，简化检验检疫流程	是
		40	跨区域推进通关便利化，先行先试成效显现	是
		41	依托海关特殊监管区域，支持服务出口	是
		42	对接苏州"单一窗口"与东盟"单一窗口"数据，实现"一次通关"，提高跨境电子商务通关便利性	是
		43	建立跨境服务贸易综合服务平台	是
		44	建立市场采购贸易综合服务平台	是

续表

领域	数量	序号	内　容	是否有可复制可推广性
优化服务贸易支持政策	13	45	落实外经贸发展专项资金，加强地方配套支持	是
		46	出台技术先进型服务企业的认定管理办法，落实税收优惠政策	是
		47	建立企业自主创新金融支持中心	是
		48	创新信用融资，为服务贸易企业提供融资便利	是
		49	创新特色金融服务	是
		50	设立知识产权、文化创业、信用保证、投贷（保）联动及并购等五大引导基金	是
		51	落实服务外包保税监管政策，引导企业保税进口设备	是
		52	实施新的重点产业紧缺人才计划，加大对服务贸易类人才的激励力度	是
		53	组织国际精英海外创业大赛	是
		54	加快海外引智布点，海外引智工作半径进一步延展	是
		55	持续发布苏州重点产业紧缺人才需求目录，引导全市人才合理配置	是
		56	推进"外国人入境就业许可"和"外国专家来华工作许可"两证合一制度	是
		57	建设跨境贸易小镇，为跨境电商发展搭建新载体	是
健全服务贸易全口径统计体系	7	58	制订《苏州市服务贸易统计创新工作方案》	是
		59	加强政府部门间协调，推进数据共享	是
		60	创新企业直报系统数据采集新方法	是
		61	建立基于商业存在的服务贸易统计体系	是
		62	发布《苏州市服务贸易发展报告》	是
		63	建立以外汇收付汇为依据的统计考核体系，并实际运用	是
		64	创新以服务外包出口收汇为指标的服务外包考核评价方式	是
创新事中事后监管举措	4	65	建立对外投资经济合作事中事后监管制度	是
		66	搭建旅游市场综合监管平台	是
		67	建立专利违法行为公示制度	是
		68	通过多项措施保障诚信体系建设	是
其他创新举措	2	69	编写《服务贸易支付指引》，为企业跨境收付汇提供指导	是
		70	完善"苏州好行"旅游咨询服务体系，助推旅游服务贸易发展	是

三、服务贸易创新发展试点经验推广落实情况汇总表

序号	试点经验	经验产生地	推广模式	落实情况	应用情况
1	建设服务贸易统计监测体系	全部试点地区	全国推广	已落实	① 苏州市已建立包括基于国际外汇收支数据的统计、企业直报统计、自然人移动统计、外商附属机构服务贸易统计和中国附属机构服务贸易统计等5个统计子系统在内的苏州市服务贸易统计系统。 ② 在两轮试点中都协调市统计局将"苏州市服务贸易企业直报统计报表制度"纳入统计局调查制度，为苏州市服务贸易企业直报统计提供了法律依据。 ③ 通过政府购买服务的形式，创新直报统计数据采集方式。
2	落实技术先进型服务企业所得税优惠政策	全部试点地区	全国推广	已落实	① 根据省科技厅、商务厅、财政厅、国税局、地税局、发展改革委联合制定的《江苏省技术先进型服务企业认定管理办法（试行）》（苏科技规〔2017〕380号），2018年苏州市组织了60家单位申报技术先进型服务企业，目前60家企业均进入省公示名单，其中包括4家服务贸易类企业。 ② 苏州市税务局落实对技术先进型服务企业的税收优惠政策，2018年全市共落实技术先进型服务企业优惠35户次，减免企业所得税额0.67亿元。
3	创新出口信用保险服务，加大对服务贸易的承保支持力度	天津、上海、杭州	全国推广	正在推广落实	苏州市拟与中信保江苏分公司签订战略合作协议，加强信保产品创新，加强对服务贸易的支持。
4	针对中小服务贸易企业开展知识产权质押融资	广州、深圳、苏州、武汉、江北新区、两江新区	全国推广	已落实	制定实施《苏州市知识产权质押贷款管理暂行办法》和《苏州市知识产权质押贷款扶持资金管理办法》，搭建知识产权金融工作平台，组织开展各类银企对接活动，目前光大银行、招商银行、交通银行等多家金融机构已经开展了知识产权质押贷款的业务，累计贷款额超100亿元，发放800多万元补贴，其中2017年共质押312件专利，质押贷款额78多亿元。

续表

序号	试点经验	经验产生地	推广模式	落实情况	应用情况
5	对多次进出境研发用产品免于办理强制性产品认证（3C免办）	两江新区	全国推广	已落实	苏州海关于2016年年底落实该政策，目前政策运行平稳。
6	建立服务贸易跨部门协调机制	全部试点地区	全省推广	已落实	① 成立苏州市服务贸易创新发展试点工作领导小组，并根据深化试点任务及创新发展的需要，调整并完善跨部门工作协调机制，健全日常工作交流机制。 ② 督促苏州市下辖各市、区加快成立试点工作领导小组，形成服务贸易创新发展试点工作的组织领导和协调体系。
7	将服务贸易发展情况纳入地方政府考核体系	上海、威海、杭州、苏州	全省推广	已落实	① 2017年，依据苏州市服务贸易试点期间年均增长15%的发展目标，将服务贸易增长指标列入对各市、区政府考核指标体系。2019年苏州市将对考核指标进行深化研究，争取考核更加科学，考核促进作用更加凸显。 ② 做好服务贸易数据监测促进工作，对企业、市区及行业服务贸易发展动态及时跟踪。
8	支持服务贸易企业开拓国际市场	上海、广州、武汉、江北新区	全省推广	已落实	① 加大对服贸企业参加国内外展会的支持力度，在2019年的贸易促进计划中，共有66个服务贸易类展会，约占展会总数量的24%。 ② 搭建了苏州"一带一路"海外文化贸易平台，组织文化服务贸易企业"走出去"。2018年苏州市文化企业组成了首个以文化产品和服务为主的参展团，参加了在迪拜和印度的展会。 ③ 实施出口品牌行动计划，出台《苏州市"十三五"期间建设品牌强市实施意见》，马德里商标申请量得到大幅度提升，2016—2018年，苏州全市申请量分别为96件、196件、240件。

续表

序号	试点经验	经验产生地	推广模式	落实情况	应用情况
9	搭建服务贸易发展金融支持平台	苏州	全省推广	已落实	① 加快综合服务平台建设，扩大企业受惠面。至2018年11月末，平台注册企业累计27 917家，为8 885家企业解决5 331亿元融资需求。平台解决的融资需求中，有1 900多家企业获得了约122.20亿元的"首贷"资金；有1 231家企业获得了1 165.81亿元的信用贷款。 ② 推动地方征信系统建设，缓解信息不对称。截至2018年11月末，地方企业征信平台共与78家单位签署了合作协议，有72家单位实现了数据按时提供，累计入库数据1.10亿条。接入征信平台的银行、保险、担保、小贷等各类机构95家。进行征信产品查询使用的金融机构有70家，累计查询量约56.7万次。
10	创新服务贸易融资政策	苏州	全省推广	已落实	① 运用综合金融工具，发挥激励引导作用。信保基金运行受惠面扩大，2 857企业获得"信保贷"授信154.50亿元。区域方面，常熟市、张家港市、工业园区"信保贷"业务推进速度最快；合作银行方面，苏州银行、江苏银行、常熟农商行发放"信保贷"授信金额最多；合作担保和保险机构方面，人保财险、太平洋保险、太平财险在保项目金额最多。 ② 不断扩大全口径跨境融资政策成效。指导辖区内3家外资法人管理银行切换到全口径跨境融资管理模式，截至2018年11月末，共办理633笔，金额246亿元。境外发债1笔，金额6.3亿元。
11	促进国际人才流动，为外籍高端人才在华工作居留提供便利	武汉、成都、苏州、深圳、西咸新区	全省推广	已落实	① 对服务贸易类企业聘用的外国高端人才，提供"绿色通道"及"容缺受理"服务，证件办理在5个工作日内完成。在县市、区一级设立服务窗口，便于企业就近办理工作许可，并可视相关条件给予有效期最长不超过5年的工作许可证。符合条件的外国高端人才还可享受人才（R字）签证政策，可获发5至10年有效、多次入境、每次停留180天的人才签证。目前，苏州取得有效工作许可证的外国高端人才达4 101人。 ② 成立"苏州市高层次人才一站式服务中心"。截至2018年11月底，服务高层次人才899人次。信息系统收集高层次人才信息2 062人，网上系统注册人数603人，拓展业务项目6项。

续表

序号	试点经验	经验产生地	推广模式	落实情况	应用情况
12	发挥出口信用保险对服务贸易的融资促进作用	杭州	全省推广	正在推广落实	计划在本轮深化试点过程中借鉴落实。
13	将服务贸易相关事项纳入国际贸易"单一窗口"	上海、深圳、广州	全省推广	正在推广落实	计划在本轮深化试点中探索将服务贸易管理事项纳入国际贸易"单一窗口"。积极推广应用标准版货物申报等功能，依托电子口岸平台，扩展与各口岸和贸易管理部门的系统对接，加强窗口服务贸易功能建设，逐步将有关服务贸易管理事项纳入国际贸易"单一窗口"。支持完善"单一窗口"政务服务、物流服务、数据服务和地方特色功能应用，实现企业通过"单一窗口"一站式办理有关进出口业务。
14	推动服务贸易统计部门的横向联动和数据共享	威海	各地结合实际借鉴推广	已落实	① 通过部门间的数据共享，实现对自然人流动、境外消费的服务贸易相关数据的采集，在综合评估的基础上，形成苏州全市自然人流动及境外消费的服务贸易数据的年度统计。目前各部门的数据共享工作推进较好。 ② 完善数据监测工作。在苏州市服务贸易统计系统内对各重点行业牵头部门开放一定权限，确保相关部门可以实时跟踪监测行业领域内服务贸易发展情况。
15	为服务贸易企业拓展国际市场提供知识产权海外预警服务	苏州	各地结合实际借鉴推广	已落实	已建设知识产权海外预警平台网站，开通预警平台配套微信公众服务号，筛选优质服务机构进行合作，能够为苏州地区企业提供知识产权服务，为企业国际参展、国际贸易以及知识产权纠纷提供帮助。
16	设立服务贸易创新发展引导基金	上海、深圳、威海、江北新区、哈尔滨新区	各地结合实际借鉴推广	正在推广落实	计划在本轮深化试点中主动对接国家服务贸易创新发展引导基金。积极开展有关项目的筛选、审核和申报引导工作，帮助服务贸易企业争取引导基金支持。筹划引导各类服务贸易产业发展引导基金，用于对接国家服务贸易创新发展引导基金，助力服务贸易招商引资，积极开展与服务贸易相关的投资促进活动。

续表

序号	试点经验	经验产生地	推广模式	落实情况	应用情况
17	探索地方层面与重点服务贸易伙伴在重点领域加强合作	广州、成都、哈尔滨新区	各地结合实际借鉴推广	正在推广落实	计划在本轮《苏州市深化服务贸易创新发展试点实施方案》中，利用苏州工业园区对新加坡和昆山市对台的政策优势，加快推进昆山深化两岸产业合作试验区和中国-新加坡现代服务业合作试验区建设。通过深化对新加坡、中国台湾相关服务贸易行业领域的研究，探索与新加坡、中国台湾服务贸易合作的新机制，扩大服务贸易规模。依托中新联合协调理事会、昆山深化两岸产业合作试验区部省际联席会议等高端协调机制，推进服务贸易相关改革措施的争取和实施。
18	依托商业银行建设服务贸易（试点）支行，创新金融支持方式	威海	各地结合实际借鉴推广	正在研究落实	正在研究落实。
19	优化国际留学生政策，促进教育服务贸易发展	海南、成都、哈尔滨新区	各地结合实际借鉴推广	正在推广落实	计划在本轮深化试点中新增教育服务贸易作为试点重点行业，通过不断扩大教育对外开放的活动半径和交流范围，在统筹好国内国际两个大局的前提下，支持高等院校和职业院校扩大招收境外留学生，通过设立"苏州国际友城暨'一带一路'国家外国留学生奖学金"等举措，优化来华留学生源国别、专业布局，加大品牌专业和品牌课程建设力度，全力打造"留学苏州"品牌。
20	提升邮轮及旅客通关便利化水平，促进邮轮经济发展	上海、广州	各地结合实际借鉴推广	正在研究落实	正在研究落实。
21	创新出入境特殊物品监管模式	广州、上海	各地结合实际借鉴推广	已落实	① 开展对拟入境高风险特殊物品的风险评估。自海关总署授权开展部分入境高风险特殊物品风险评估以来，建立了由海关牵头管理，地方政府、第三方高素质专家共同参与的特殊物品风险评估模式，开展了4次特殊物品风险集中评估工作。 ② 加强对出入境特殊物品的集中、有效监管。在苏州工业园区生物纳米园公共服务平台规划建设了750平方米的集中监管场所，搭建了出入境生物医药集中监管平台，实现电子监管系统、产品安全评价和集中查验三大功能。

续表

序号	试点经验	经验产生地	推广模式	落实情况	应用情况
22	"互联网+海关"改革	广州	各地结合实际借鉴推广	已落实	海关总署"互联网+海关"一体化平台于2017年6月30日正式上线。此后，苏州海关积极推行"互联网+自助报关"，辖区企业可以自助在线24小时进行进出口申报；针对涉税进出口报关单，企业以"互联网+自报自缴"实现足不出户轻松缴纳税款，切实感受到更为便利、快捷的通关服务。自2017年8月14日起，江苏国际贸易"单一窗口"货物进出口申报系统——报关业务模块在江苏省内全面推广应用，目前苏州企业自助报关、自报自缴等业务均在"单一窗口"系统操作。
23	创新国际会展通关便利化举措	广州	各地结合实际借鉴推广	已落实	苏州海关对展品简化强制性认证免办手续，实现即到即办。全面落实申报无纸化，实现所有随附单证电子化。2018年7月11日、15日分两期组织辖区近300家企业开展检验检疫单证电子化培训。全面推广全程无纸化移动查验，利用信息化技术和设备实现施检精准化、规范化、高效化。
24	依托大数据促进服务贸易数字化发展	贵安新区	各地结合实际借鉴推广	正在研究落实	正在研究落实。
25	推动"互联网+中医药服务贸易"融合发展	上海、深圳	各地结合实际借鉴推广	正在研究落实	正在研究落实。
26	建设"一带一路"语言服务平台，推动语言服务贸易发展	西咸新区、武汉	各地结合实际借鉴推广	正在研究落实	正在研究落实。
27	纪录片方案国际预售融资模式	广州	各地结合实际借鉴推广	正在研究落实	正在研究落实。

续表

序号	试点经验	经验产生地	推广模式	落实情况	应用情况
28	在跨境电商领域开展基于大数据的物流账款智慧管理业务	杭州	各地结合实际借鉴推广	正在研究落实	正在研究落实。
29	创新跨境电商出口保险服务	深圳	各地结合实际借鉴推广	正在研究落实	正在研究落实。

苏州市会展行业 2018 年度统计数据分析报告

改革开放 40 年来，中国会展业不断摸索，坚持与时俱进、创新发展，发生了巨大变化。

2018 年受世界经济大环境的影响，全球笼罩在政治紧张、民粹主义和保护主义盛行的氛围中，中美贸易战起起伏伏，全球经济将进入更加艰难的时期，全球经济增速正在放缓。尽管当前国际环境错综复杂、国内经济下行压力加大，然而中国改革开放的大门却越开越大，会展经济已成为中国构建开放型经济体系的重要平台。

近年来，苏州市致力于推动会议展览业国际化、市场化发展。我市会展行业总体呈现行业规模快速扩大、结构持续优化、国际影响不断扩大、会展主体迅速成长、服务能力显著提升的发展态势。经过多年发展，会议展览业正成为促进我市经济、社会、文化、科技进步与发展的新生动力。

2018 年，苏州市的会展产业伴随着市场化的不断深入，国际会议、专业展览、大型活动、体育赛事及节庆活动稳步发展和推进，正在将会展产业发展推向一个新的发展阶段。

一、2018 年度苏州市会展活动数据分析

2018 年苏州市共举办各类展览 395 场，同比增长 23.1%，展览面积 257.8 万平方米，同比增长 5.6%。其中，商务类展会 290 场，文化类展会 105 场。

2018 年苏州市共举办专业类展会 40 场，占全年展会的 14.1%，同比增长 25%，涵盖了智能制造、纳米技术、机床模具、汽车零部件、电子电路制造、医疗器械、生物医药、文创产业等多个领域。

2018 年苏州市共举办消费类展会 112 场，占全年展会的 39%，同比增长 25%，主要有汽车、家具家装、育婴童、食品年货等消费热点的展会。

2018 年在我市会展中心、会议中心举办的超过 2 000 人的大型会议有 56 场，同比增加 86%。其中，大型国际性专业会议 18 场（工业制造业类会议有 7 场，医药医疗类会议有 11 场）。

2018 年苏州国际博览中心共承接展会活动 230 场，其中，新增展会 11 场，展览面积超 10 000 平方米的展会有 67 场。会议活动 113 场，其中，1 000 人以上的会议 39 场、

3 000 人以上的会议 21 场、10 000 人以上的会议 2 场。

2018 年苏州市会展市场呈现以下五个特点。

1. 产业会展规模逐步扩大

2018 年苏州制造业正处于产业转型升级的发展阶段，新材料、新技术、智能化的应用，为产业会展带来了新的市场和商机，各种专业展会应运而生，展会规模不断扩大。例如，在昆山市花桥国际博览中心举办的迪培思 DPES 国际数码打印及广告标识展览会，展出面积达到 40 000 平方米，一举成为昆山最大的制造业专业展会。又如，在苏州国际博览中心举办的 2018 全球人工智能产品应用博览会，首次举办规模就达 20 000 平方米。本届智博会以"智能体验·智慧生活"为主题，通过专业展览集中展示了国内外人工智能领域的应用产品，同时还通过 25 场高端论坛分享交流全球人工智能行业的顶尖技术，智博会提升了苏州人工智能产业的国际影响力。

这些符合苏州产业发展的专业展会，充分体现了苏州产业"高端化、智能化、服务化、绿色化、品牌化"的发展路径和特色。随着供给侧改革、"互联网＋"等新的战略导向的落实，苏州社会经济的发展必将注入新的活力，从而为会展产业的持续增长带来新的机遇。

2. 苏州展会市场化程度日趋成熟

多年来，苏州市政府和苏州市会展行业协会一直在推动苏州市会展市场化发展，提倡通过市场化手段来运作各类展会。苏州拥有深厚的商业发展积淀，市场化程度非常高，这给苏州的会展提供了很大的市场空间。2018 年在苏州举办的各类专业展览会、博览会、交易会都按市场化规律在运作，充满了市场活力和良好的状态，为苏州的服务业市场做出了应有的贡献。例如，在 2018 年的苏州创博会中，同时举办了"丝绸苏州 2018"展览会，展会以"跨越行业，超越传统"为主题，展示面积约 10 000 平方米，共 7 大展区、18 场时装秀。本届展览会由苏州骞腾丝绸展览有限公司完全按市场化要求运作，吸引了 100 多家丝绸相关企业参展，其中，国际展商占 10%，分别来自日本和泰国。"丝绸苏州 2018"展览会取得了名利双丰收。目前，全市的经贸类展会基本实现市场化运作，已形成了市场导向、企业主体、协会服务、政府监管的良性发展机制。这在全国城市会展发展中处于领先地位。

3. 消费类展会市场热度不减

2018 年苏州市共举办消费类展会 112 场，仍然保持高水平，占全年展会的比例达到 39%，这充分证实了苏州消费类展会的市场巨大。消费类展会主要反映出汽车消费市场、家具家装、育婴童、食品年货这些关系到民生的消费需求巨大。会展最基本的一个功能是满足人民对美好生活的向往。在消费类展会上，消费者可以与销售商在更私人的层面上建立连接，并感受周边的气氛——这与在家上网购物的体验相去甚远。在文化、艺术、科技、消费、投资等各个领域，消费类展览会是城市消费市场的风向标。苏州的消费类展会也在与时俱进中获得新的提升和发展。例如，每年举办的茶博会和佛教用品博览会已经成为苏州市茶文化的集聚地，不仅满足了苏州老茶客的喜好，还传承了苏州茶文化，为新一代茶客提供了更好的体验。据 2018 年消费类展会数据显示，过去为数众多的建材展、服装展已经慢慢退出了苏州消费类展会市场，更多顺应人民生活需求提高的新展会不断出现，如第三届苏州宠物节暨宠物用品品牌展会、第十一届品质生活博览会、第二届苏州国际珠宝首饰玉石交易会等。2018 年在互联网技术的推动下，苏州也出现了线上线下结合的双线展，如中国华夏家博会这类体验式的消费类展会。

4. 会展品牌建设不断升华

品牌会展是具有鲜明个性的会展。会展企业一旦形成了自己的品牌，就可凭借其个性在会展市场中产生强有力的竞争力，能给会展企业自身、参展商和社会带来巨大的品牌价值。

2018 年苏州会展品牌数量和影响力都在不断扩大。从整体上来看，以苏州文化、科技、产业为代表的品牌展会有 24 场，其中在全国有一定影响力的品牌展会有中国苏州文化创意设计产业交易博览会暨首届苏州文化创意周、2018 苏州品牌博览会、工艺品博览会等。在产业展会方面，有举办了 15 届的中国苏州电子信息博览会、2018 中国国际纳米技术产业博览会、苏州家具展等。在国际上具有一定知名度的专业展会有苏州阀门展、紧固件展、国际汽车改装风尚秀等。2018 年苏州的家具展、房车展、创博会被江苏省会议展览业协会被评定为江苏省首批 AAA 级专业展会，中国工艺精品博览会被评为 AA 级专业展会，亚洲幼教年会暨亚洲幼教展览会被评为 A 级专业展会。经过几年的成功打造，这些展会逐步形成了苏州品牌展会的群体。这些成功的品牌展会，不仅自身蕴含着深刻的文化和科技内涵，而且通过吸引来自世界各地具有不同文化的参展商，促进了苏州会展与国内外业界的交流。同时，这也反映了苏州会展产业的发展水平，代表了苏州城市的形象，大大提高了苏州城市的吸纳和辐射能力，并且迅速提高了苏州会展在国内外的知名度和影响力。"约会苏州、大展宏图"已经成为苏州品牌展会对外宣传的口号。

5. 国际化影响力逐步扩大

2018 年苏州市会展发展历程的另一个特点是国际化影响力越来越大。苏州以其历史悠久、风景秀美的城市特色，以及良好的会展业软硬件条件，吸引着越来越多的国际性展览和会议。苏州市全年举办专业类展会 40 场，其中具有国际化水平的展会有 31 场，占 77.5%。据不完全统计，境外参展企业占 15%，境外参展人数达 3 000 人次，境外专业观众达 15 000 人次。2018 年苏州市先后召开了"一带一路"能源部长会议和国际能源变革论坛、第九届中国国际纳米技术产业博览会（CHInano）、2018 首届水网地区城乡发展与规划国际会议、2018 华东跨境电商生态峰会、2018 苏州环境国际会议等各种类型的高层次国际性会议。其中，中国最具影响力的纳米技术交流盛会 CHInano，是中国最具权威、规模最大的纳米技术应用产业国际性大会。大会邀请了美国、日本、韩国、英国、澳大利亚、荷兰、加拿大、伊朗等数十个国家和地区的200名纳米领域的专家，吸引了约1 000名来自世界各地的知名企业、机构、大学和科研院所的投资人、供应商和采购商前来参会。中国国际纳米技术产业博览会已经成为排在日本之后韩国之前、世界排名第二的纳米专业展会，在世界上的影响力越来越大。在国际化会展理念的指导下，苏州会议展览的功能进一步国际化，在此基础上，打造好国际会议展览的信息、展示和发布功能，使会展不仅是一个贸易成交的平台，还是一个行业信息汇聚的平台，更是一个行业新产品、新设计、新技术的展示和发布平台。苏州市会展产业的国际化程度越来越高，会展产业的生命力和影响力也越来越强。

二、2018年全市重大展会活动

1. "一带一路"能源部长会议和国际能源变革论坛

2018年10月18日—19日，"一带一路"能源部长会议和国际能源变革论坛在苏州成功举办。国家主席习近平致信，向会议的召开表示热烈祝贺。首届"一带一路"能源部长会议主题为"共建'一带一路'能源合作伙伴关系"。来自29个国家和经济体、7个国际组织的代表，国内主要能源企业和有关金融机构负责人，部分国际知名能源企业负责人齐聚一堂，就共建"一带一路"能源合作伙伴关系、为世界各国能源发展提供新动能、加强能源投资便利化、促进能源大宗商品贸易畅通和未来能源等重要议题进行充分交流。会议期间，中国与17个国家发布了《建立"一带一路"能源合作伙伴关系部长联合宣言》，为构筑更加紧密的能源命运共同体奠定了坚实基础，为推动全球能源绿色可持续发展提供了新模式、新机制。

2. 第九届中国国际纳米技术产业博览会

2018年10月24日，第九届中国国际纳米技术产业博览会在苏州国际博览中心正式开幕。由中国科学技术协会和中国科学院指导，中国微米纳米技术学会、中国国际科学技术合作协会主办，中国半导体行业协会MEMS分会和中国材料研究学会纳米材料与器件分会协办，江苏省纳米技术产业创新中心、苏州纳米科技发展有限公司承办，是聚焦全球纳米产业、展示苏州创新成果的一场行业盛会。经过9年的培育发展，中国国际纳米技术产业博览会已成为中国规模最大、影响力最广的纳米技术产业交流盛会，得到了世界纳米强国的广泛认可和积极参与，主报告作为历届大会最重要的环节，吸引了来自世界各地顶级科学家和业界翘楚的加入。本届纳博会设立了NHSE China 2018中国纳米智慧生活展等5个主题展区，累计展区面积达13 000平方米，有1 000余家纳米技术相关企业参展参会，展出1 300多件纳米技术创新产品。大会涵盖纳米新材料、微纳制造、能源与清洁技术、纳米生物技术、纳米技术应用等五大产业领域，涉及消费电子、纺织、建筑、化工、微电子、航空航天、环境监测、环保等二十几个子领域。

3. 2018年中国医学装备大会暨第27届学术与技术交流大会

2018年中国医学装备大会暨第27届学术与技术交流大会于2018年7月19日在苏州金鸡湖国际会议中心召开。本次大会共计举办了110余场学术交流活动,参与人员超过20 000人,会议数量、参会人数、展会面积、参展企业数量、参展产品种类和数量均超过历届大会,规模空前,超出预期。同期举办的2018医学装备与技术展览会展出面积达27 000平方米,有260家展商参展,得到了参会者的积极关注。大会期间,由中国医学装备协会牵头发起的中国医学人工智能联盟召开成立大会,这是国内首个医学装备人工智能联盟。

4. 中国国际芳香产业(昆山)展览会

由中国国际商会主办、谊和永邦(北京)会展有限公司承办的2018中国国际芳香产业(昆山)展览会于2018年4月13日—15日在江苏省昆山国际会展中心举办。芳香展是国内唯一展示芳香产业全产业链的专业平台。2018年芳香展展示面积达12 000平方米,展示内容涵盖了种植、加工、应用、品牌和香道文化的全行业产品。本次展会有来自埃及、摩洛哥、法国、印度、尼泊尔、英国、德国、美国、伊朗、斯里兰卡、香港、台湾、澳门等国家和地区的芳香品牌参展,同时有来自北京、上海、广东、江苏等全国二十余个省、市、自治区的140余家企业同台竞技。展会同期举办了薰衣草和玫瑰的有机种植与提取、芳香植物和药用植物的提取与应用的专题研讨会,为中国芳香产业未来的发展方向和进一步发展提供了理论基础。本次展会共有来自国内外日化企业、专业院线、医药保健品企业、高档酒店、会所、健康管理机构和芳香文化传媒机构的5 000余名专业采购商参会参观。本届芳香展在商业化运作的基础上,专业度得到了国内外客户的高度认可,为芳香展的健康可持续发展奠定了坚实基础。

5. IOTE 2018国际物联网展

由中国物联网产业应用联盟主办、深圳市物联网传媒有限公司承办的IOTE 2018第十届国际物联网博览会(春季展)于2018年4月25日在苏州国际博览中心隆重开幕,来自全球的300多家物联网企业用3天时间炫出2018年开春以来最新鲜的物联网产品与应用方案及案例。IOTE国际物联网博览会创办于2009年,年增长规模超过20%,展品内容已覆盖物联网感知层、网络层、应用层,涉及RFID(无线射频识别)技术、传感网技术、大数据处理、实时定位技术等物联网技术,包含在交通、工业、智能电网、智能家居、物流、防伪、人员、车辆、军事、资产管理、服饰、图书、智慧城市、环境监测等领域的全面解决方案和成功应用。

展会召开之前,2018中国物联网CEO千人大会在苏州国际金鸡湖会议中心隆重举办。数百名国内外物联网行业各领域高层纷至沓来,围绕物联网时代的5G通信、工业物联网平台、人工智能与智慧城市分享各自对行业的观点和看法,进行深度交流与

6. 第一届花桥国际泛印及广告标识展

2018年3月26日—29日,由中国印刷及设备器材工业协会丝网印刷分会、广州迪培思联合网络科技有限公司联合主办的华东地区开年首场广告盛会——迪培思国际广告展+丝网印刷技术展,在昆山市花桥国际博览中心盛大开幕。本届展会展出面积达40 000平方米,参展企业300余家。展会全方位展示了最新研发的广告设备和技术,数码打印、丝网印刷、广告与标识及相关耗材等广告制作全系列产品。

7. 2018华东跨境电商生态峰会

2018年8月15日—16日,2018华东跨境电商生态峰会在苏州太湖国际会议中心正式拉开序幕。本次大会由阿里巴巴联合苏州市人民政府、苏州跨境电子商务协会共同举办。3 000个来自全国各地的商家济济一堂,阵容强大的嘉宾和讲师团队倾情分享,共同聚力探讨跨境电商3.0时代外贸企业的发展新机遇,制定品牌出海的新战略。

8. 中国(昆山)品牌产品进口交易会

作为中国首个经国务院批准的国家级专业进口交易会,2018中国(昆山)品牌产品进口交易会于2018年5月16日—18日在江苏省昆山市花桥国际博览中心举办。本次交易会共吸引了来自15个国家和地区的327家企业参展,包括德国西门子、翰默、日本川崎、天田、电产、富士通、恩斯克、美国微软、华为科技等21家世界500强企业及43家行业龙头企业。本届进口交易会取消了原有的消费品展区,首次增设光电和半导体展区与电子电机设备及关键零部件展区,把进口交易会的展示内容与智能装备、光电、半导体等江苏省主导产业相结合。

展会同期还举办了第七届世界工商领袖(昆山)大会、中美(昆山)智能制造合作论坛及新品发布会等系列专题配套活动,推动了江苏外贸优进优出,促进了创业创新和经济结构优化升级,有力推进了我省由外贸大省迈向外贸强省。

9. 2018 GT Show 国际改装风尚秀

2018 GT Show 国际改装风尚秀于2018年3月30日—4月1日在苏州国际博览中心开幕。此次展会占地面积60 000平方米,来自世界各地的近300个品牌商、贸易商携近500个汽车改装及零部件升级产品品牌,展示了汽车个性化升级的前沿产品和消费理念,吸引了国内外众多参观者。本届GT Show涵盖了刹车、避震、排气、包围、轮毂等改装升级类的全线产品。参展品牌既有国内自主品牌,还有来自美国、日本、德国、英国、意大利、加拿大、斯洛文尼亚、奥地利的国际改装品牌,这些品牌不仅展示了2018年的新款产品,还展示了经典品牌中的经典系列,可谓是新品、爆品云集。3月30日,由改联网主办的创领不凡2018改装领袖年度峰会在苏州国际博览中心GT Show国际改装风尚秀主会场隆重举行。与往年不同的是,此次峰会不仅汇聚了国内外改装品牌负责人、改装店管理者等行业风云人物,还吸引了汽车售后市场维修养护店,阿里、

eBay 等电商平台的汽车后市场，改装渠道的从业者，以及来自全国汽车改装教育专业的师资力量和来自汽摩协会及各个车队的负责人车手前来观摩。

10. "丝绸苏州 2018" 展会

"丝绸苏州 2018"展会于 2018 年 4 月 5 日—7 日在苏州国际博览中心举办。展会由中国丝绸协会、江苏省丝绸协会主办，苏州丝绸行业协会、苏州骞腾丝绸展览有限公司承办，苏州市文广新局指导。展会以"跨越行业、超越传统"为主题，展示面积约10 000 平方米，分为服装服饰、高级定制、特种面料、匠心艺品、品牌展区、国内展区、国际展区 7 大展区。参展展品主打高端丝绸成品、海内外知名丝绸品牌产品、跨界类丝绸衍生新品和异域特色丝绸精品，将丝绸与现代生活潮流更好地融合。本届展会共有 100 多家丝绸相关企业参展，其中国际展商占 10%，分别来自日本和泰国。展会期间，举办了 18 场"绣娘杯·亚洲丝绸时装秀"。在国际展示部分，泰国 14 位名模带来了 6 场 6 个系列的丝绸服装秀，分别以自然民族丝绸、东方丝绸、纯泰丝、魅力摇滚、跨界潮流和丝绸盛典为主题，让观众感受中外文化的碰撞，体验丝绸之美的多元化。

本届展会还设立了苏州丝绸品质认证工作发布会、丝绸艺术新市场论坛等多场活动。展会总共上演了 18 场丝绸时装秀，让观众体验丝绸之美的多元化。

11. 2018 全球人工智能产品应用博览会

为加快发展以大数据和云计算为支撑的人工智能相关产业，推进人工智能在智能制造、软硬件终端和服务业等领域的应用，由中华人民共和国科学技术部、中华人民共和国工业和信息化部、江苏省人民政府作为指导单位，苏州市人民政府主办、苏州工业园区管理委员会承办的国际化高级别人工智能专业博览会于 2018 年 5 月 10 日—12 日在苏州国际博览中心举行。以"智能体验·智慧生活"为主题，通过 1 场专业展览集中展示国内外人工智能领域的应用产品，通过 25 场高端论坛分享交流全球人工智能行业顶尖技术，通过 1 项权威奖项评出年度人工智能产品。

本届智博会由苏州工业园区政府主导，由苏州节庆会展有限公司按照国际化、专业化、市场化原则精心策划和实施，致力于打造全球人工智能产业交流平台，以此促进全球人工智能资源互联互通，推动人工智能产业规模化发展，努力提升苏州人工智能专业博览会在国内外的影响力。

12. 第七届中国国际版权博览会

两年一届的中国国际版权博览会于 2018 年 10 月 19 日—21 日在苏州国际博览中心举行，本次博览会是第七届。作为中国国家版权局按照国际化、专业化、市场化原则举办的唯一常态化综合性的国家级版权专业博览会，中国国际版权博览会无疑又一次吸引了世界的目光。本届版博会设有国际展区、国内展区、版权产业展区、江苏展区和版权项目路演 5 大展区，重点展示展销图书音像、影视音乐、动漫游戏、计算机软件、工艺美术等优秀版权作品，充分展示了近年来国内外版权产业发展的成果。本届版博会展示面积达 26 000 平方米，参展单位和机构共计 300 余家。

中国国际版权博览会作为最具影响力的综合性国际版权专业展会，将持续向世界展现版权领域真实、立体、全面的中国，展示中国版权保护、版权事业、版权产业成就以及中国开展国际版权贸易、促进对外交流合作的有力行动。

13. 2018 中国服装大会及第五届江苏（盛泽）纺织品博览会

以"协同创新、绿色发展"为主题的 2018 中国服装大会于 2018 年 10 月 16 日—18 日在吴江盛虹万丽酒店举行。本届大会由中国服装协会、苏州市吴江区人民政府主办，苏州市吴江区盛泽镇人民政府承办。

吴江是知名的鱼米之乡和丝绸之府，盛泽在古时候就是中国"四大绸都"之一，丝绸纺织一直是吴江的传统优势产业，也是吴江最具文化底蕴的支柱行业，有着坚实的产业基础、完整的产业链条、完备的产业配套。第五届江苏（盛泽）纺织品博览会，主办方除了保留上一届的功能性面料区、正装/时尚女装面料区、流行面料发布区、运动/休闲面料区、丝绸成品交易区、家纺/箱包面料区、户外运动成衣展示区、纺机配件展示区、新纤维新材料展区、进口（精品）面料区、数码印花工艺展区外，还新增针织面料展区、印染后整理展区。整个展会的展出面积超过 10 000 平方米，规划展位达 340 个，全面展示了新时代盛泽纺织产业"科技、绿色、时尚"的新魅力。

14. 2018 第二届长三角电镀清洁生产及表面处理展览会

由苏州市电镀协会主办、华人电镀网承办的 2018 第二届长三角电镀清洁生产及表面处理展览会于 2018 年 5 月 8 日—5 月 10 日在苏州广电会展中心隆重召开。展览规模达到 8 000 平方米。本次盛会着力推动中国表面处理技术和世界同行在该领域的交流与合作，促进中国在国际贸易、市场拓展、产业投资、技术研发、技术转移等方面起到实质性的推动作用，为国内外表面处理行业供应商提供了开拓市场、树立品牌的舞台与良机，在广大用户与厂商之间构筑了直接沟通的桥梁。

第三部分　服务贸易相关文件汇编

国务院关于同意深化服务贸易创新发展试点的批复

国函〔2018〕79号

北京市、天津市、河北省、黑龙江省、上海市、江苏省、浙江省、山东省、湖北省、广东省、海南省、重庆市、四川省、贵州省、陕西省人民政府，商务部：

商务部关于深化服务贸易创新发展试点的请示收悉。现批复如下：

一、原则同意商务部提出的《深化服务贸易创新发展试点总体方案》，同意在北京、天津、上海、海南、深圳、哈尔滨、南京、杭州、武汉、广州、成都、苏州、威海和河北雄安新区、重庆两江新区、贵州贵安新区、陕西西咸新区等省市（区域）深化服务贸易创新发展试点。深化试点期限为2年，自2018年7月1日起至2020年6月30日止。

二、深化试点工作要以习近平新时代中国特色社会主义思想为指导，全面贯彻党的十九大和十九届二中、三中全会精神，统筹推进"五位一体"总体布局和协调推进"四个全面"战略布局，坚持创新、协调、绿色、开放、共享发展理念，以供给侧结构性改革为主线，深入探索适应服务贸易创新发展的体制机制、政策措施和开放路径，加快优化营商环境，最大限度激发市场活力，打造服务贸易制度创新高地。

三、试点地区人民政府（管委会）要加强对试点工作的组织领导，负责试点工作的实施推动、综合协调及措施保障，重点在管理体制、开放路径、促进机制、政策体系、监管制度、发展模式等方面先行先试，为全国服务贸易创新发展探索路径。有关省、直辖市人民政府要加强对试点工作的指导和支持，鼓励试点地区大胆探索、开拓创新。

四、国务院有关部门要按照职能分工，加强对试点工作的协调指导和政策支持，主动引领开放，创新政策手段，形成促进服务贸易创新发展合力。商务部要加强统筹协调、督导评估，会同有关部门及时总结推广试点经验。

五、深化试点期间，暂时调整实施相关行政法规、国务院文件和经国务院批准的部门规章的部分规定，具体由国务院另行印发。国务院有关部门根据《深化服务贸易创新发展试点总体方案》相应调整本部门制定的规章和规范性文件。试点中的重大问题，商务部要及时向国务院请示报告。

附件：1. 深化服务贸易创新发展试点总体方案
　　　2. 深化服务贸易创新发展试点开放便利举措
　　　3. 深化服务贸易创新发展试点任务及政策保障措施

国务院

2018年6月1日

（此件公开发布）

附件1

深化服务贸易创新发展试点总体方案

优先发展服务贸易是推动经济转型升级和高质量发展的重要举措。2016年2月，国务院批复同意开展服务贸易创新发展试点。试点以来，各试点地区主动创新，探索服务贸易发展新机制、新模式、新路径，取得积极成效，有力推动了服务贸易创新发展。为进一步深化服务贸易创新发展试点，改革创新服务贸易发展机制，制订本方案。

一、总体要求

（一）指导思想

以习近平新时代中国特色社会主义思想为指导，全面贯彻党的十九大和十九届二中、三中全会精神，坚持创新、协调、绿色、开放、共享发展理念，以供给侧结构性改革为主线，充分发挥地方的积极性和创造性，推动在服务贸易管理体制、开放路径、促进机制、政策体系、监管制度、发展模式等方面先行先试，加快优化营商环境，最大限度激发市场活力，打造服务贸易创新发展高地，带动全国服务贸易高质量发展，不断培育"中国服务"核心竞争优势，推动形成全面开放新格局。

（二）基本原则

重点突破，优先发展。深化试点要把握重点和方向，树立服务贸易优先发展理念，推动资源和政策聚焦。服务新时代开放型经济发展，围绕服务贸易长远发展目标，针对不同阶段面临的主要制度障碍和政策短板，在试点地区率先突破，带动全国服务贸易创新发展。围绕推动解决服务贸易逆差较大问题，重点扩大服务出口。

创新驱动，转型发展。深入实施创新驱动发展战略，优化营商环境，支持创新创业，促进服务贸易领域新技术、新产业、新业态、新模式蓬勃发展，加快推动产业转型升级和经济结构调整。推动以"互联网+"为先导的新兴服务出口，打造开放发展新亮点。

纵横联动，协同发展。顺应数字经济时代服务业发展新趋势，强化横向协作、纵向联动，各部门合力保障和指导试点地区开放创新；试点地区间推进经验共享，并与自贸试验区、北京市服务业扩大开放综合试点集成创新、经验互鉴。

有序深化，持续发展。不断适应服务贸易新形势新特点，有序深化改革，持续推进创新。逐项落实试点任务，不断总结推广经验，稳步推进服务贸易全方位改革发展。

二、深化试点地区及期限

深化试点地区为北京、天津、上海、海南、深圳、哈尔滨、南京、杭州、武汉、广州、成都、苏州、威海和河北雄安新区、重庆两江新区、贵州贵安新区、陕西西咸新区等省市（区域）。深化试点期限为2年，自2018年7月1日起至2020年6月30日止。

三、深化试点任务

① 进一步完善管理体制。加强国务院服务贸易发展部际联席会议工作统筹、政策协调、信息共享。强化地方服务贸易跨部门统筹协调决策机制。加快服务贸易领域地方性法规立法探索，围绕市场准入、管理、促进、统计、监测等形成经验。全面建立地方政府服务贸易发展绩效评价与考核机制。

② 进一步扩大对外开放。在试点地区分阶段推出开放便利举措。借鉴自贸试验区和北京市服务业扩大开放综合试点等的开放经验，推动服务领域对外开放。扩大新兴服务业双向开放。探索完善跨境交付、境外消费、自然人移动等模式下服务贸易市场准入制度，逐步放宽或取消限制措施，有序推进对外开放。支持试点地区探索建立服务领域开放风险预警机制。

③ 进一步培育市场主体。科学建设运营全国性、区域性公共服务平台，加强对现有公共服务平台的整合与统筹利用，提高服务效率。鼓励金融机构在风险可控、商业可持续的前提下创新适应服务贸易特点的金融服务。探索建设一批服务贸易境外促进中心。充分发挥中国（北京）国际服务贸易交易会的平台作用。更好地发挥贸易促进机构、行业协会的贸易促进作用。推动试点地区与重点服务贸易伙伴加强合作，支持企业开拓国际市场。

④ 进一步创新发展模式。依托自贸试验区、经济技术开发区等建设一批特色服务出口基地。发挥海关特殊监管区域政策优势，发展仓储物流、研发设计、检验检测、维修、国际结算、分销、展览等服务贸易，重点建设数字产品与服务、维修、研发设计等特色服务出口基地。探索推进服务贸易数字化，运用数字技术提升服务可贸易性，推动数字内容服务贸易新业态、新模式快速发展。推动以数字技术为支撑、高端服务为先导的"服务+"整体出口。积极拓展新兴服务贸易，重点推进服务外包、技术贸易、文化贸易发展。

⑤ 进一步提升便利化水平。深入改革通关监管制度和模式，为与展览、维修、研

发设计等服务贸易相关的货物、物品进出口提供通关便利。提升跨境交付、自然人移动等方面的便利化水平，完善签证便利政策，健全境外专业人才流动机制，畅通外籍高层次人才来华创新创业渠道，推动职业资格互认。提升移动支付、消费服务等方面的便利化水平，积极发展入境游。

⑥ 进一步完善政策体系。修订完善《服务出口重点领域指导目录》等服务贸易领域相关目录，充分利用现有资金渠道，积极开拓海外服务市场，鼓励新兴服务出口和重点服务进口。研究完善试点地区面向出口的服务型企业所得税政策。结合全面实施营改增改革，对服务出口实行免税，符合条件的可实行零税率，鼓励扩大服务出口。发挥好服务贸易创新发展引导基金作用。加大出口信用保险和出口信贷对服务贸易的支持力度。拓宽服务贸易企业融资渠道。完善外汇管理措施。加快推进人民币在服务贸易领域的跨境使用。

⑦ 进一步健全统计体系。完善服务贸易统计监测、运行和分析体系，建立健全服务贸易重点联系企业直报系统，开展重点联系企业统计数据直报，适当增加监测企业数量，开展试点地区的外国附属机构服务贸易统计，实现系统重要性服务贸易企业直报全覆盖。建立政府部门信息共享和数据交换机制，实现服务贸易发展协调机制成员单位相关工作数据共享。

⑧ 进一步创新监管模式。建立服务贸易重点联系企业运行监测机制，创新事中事后监管举措，切实防范骗税和骗取补贴的行为。探索建立商务、海关、税务、外汇等部门信息共享、协同执法的服务贸易监管体系。全面建立服务贸易市场主体信用记录，纳入全国信用信息共享平台并依法通过国家企业信用信息公示系统、"信用中国"网站向社会公开，实施守信联合激励和失信联合惩戒。探索创新技术贸易管理模式。逐步将有关服务贸易管理事项纳入国际贸易"单一窗口"。

四、组织实施

试点地区人民政府（管委会）作为试点工作的责任主体，要结合当地实际细化工作方案，加强组织实施、综合协调及措施保障，逐项落实试点任务，每年向商务部报送试点成效和可复制可推广经验。有关省、直辖市人民政府要加强对试点工作的指导和政策支持。国务院服务贸易发展部际联席会议成员单位要结合各试点地区发展基础、产业结构和资源优势，加强协同指导，积极予以支持，按职责分工做好落实开放举措、政策保障和经验推广工作。商务部要充分发挥国务院服务贸易发展部际联席会议办公室作用，加强统筹协调、跟踪督促，积极推进试点工作，确保任务落实，及时开展经验总结评估与复制推广，重大事项向国务院请示报告。

附件2

深化服务贸易创新发展试点开放便利举措

表1 2016年各省（自治区、市）服务贸易进出口情况

领域	涉及行业	开放便利举措	现行相关规定
金融服务	银行业	允许外商独资银行、中外合资银行、外国银行分行在提交开业申请的同时申请人民币业务。	《中华人民共和国外资银行管理条例》第三十四条规定，外资银行营业性机构经营本条例第二十九或者第三十一条规定业务范围内的人民币业务的，应当具备下列条件，并经国务院银行业监督管理机构批准。（一）提出申请前在中华人民共和国境内开业1年以上；（二）国务院银行业监督管理机构规定的其他审慎性条件。
电信服务	离岸呼叫中心业务	对于全部面向国外市场的服务外包企业经营呼叫中心业务（即最终服务对象和委托客户均在境外），不设外资股权比例限制。	《外商投资电信企业管理规定》第四条规定，外商投资电信企业可以经营基础电信业务、增值电信业务，具体业务分类依照电信条例的规定执行。第六条规定，经营基础电信业务（无线寻呼业务除外）的外商投资电信企业的外方投资者在企业中的出资比例，最终不得超过49%。经营增值电信业务（包括基础电信业务中的无线寻呼业务）的外商投资电信企业的外方投资者在企业中的出资比例，最终不得超过50%。第十七条规定，外商投资电信企业经营跨境电信业务，必须经国务院工业和信息化主管部门批准，并通过国务院工业和信息化主管部门批准设立的国际电信出入口局进行。 国务院办公厅《关于鼓励服务外包产业加快发展的复函》（国办函〔2010〕69号）规定，同意完善支持中国服务外包示范城市发展服务外包产业的政策措施，对于全部面向国外市场的服务外包企业经营呼叫中心业务（即最终服务对象和委托客户均在境外），在示范城市实施不设外资股权比例限制的试点。

续表

领域	涉及行业	开放便利举措	现行相关规定
旅行服务	签证便利	① 探索建立来华就医签证制度。② 推动广东全省实施144小时过境免签政策。	《中华人民共和国出境入境管理法》第十五条规定，外国人入境，应当向驻外签证机关申请办理签证。第十六条规定，对因工作、学习、探亲、旅游、商务活动、人才引进等非外交、公务事由入境的外国人，签发相应类别的普通签证。普通签证的类别和签发办法由国务院规定。第二十二条规定，持联程客票搭乘国际航行的航空器、船舶、列车从中国过境前往第三国或者地区，在中国境内停留不超过二十四小时且不离开口岸，或者在国务院批准的特定区域内停留不超过规定时限的，可以免办签证。《中华人民共和国外国人入境出境管理条例》对签证的类别和签发、停留居留管理、调查和遣返等作了具体规定。
旅行服务	跨境自驾游	完善跨境自驾游监管举措，允许境外旅行社与国内企业合作，拓展自驾游旅游产品；完善自驾游艇、车辆等交通工具出入境手续，包括担保制度，降低入境游成本。	《中华人民共和国海关事务担保条例》第五条规定，当事人申请办理货物和运输工具过境的，按照海关规定提供担保。《中华人民共和国海关对海南省进出境游艇及其所载物品监管暂行办法》（海关总署2011年第十五号公告）第九条规定，经核准进境的境外游艇，游艇所有人或者其委托的游艇服务企业应当依法向进境地海关缴纳相当于游艇应纳税款的保证金或者海关依法认可的其他担保。经海关总署核准，也可以由其委托的游艇服务企业为其提供总担保。
专业服务	工程咨询服务	① 允许符合条件的外籍人员在试点地区执业提供工程咨询服务（法律法规有资格要求的除外）。② 对外资工程设计（不包括工程勘察）企业，取消首次申请资质时对工程设计业绩要求。	中国加入世界贸易组织议定书——《中华人民共和国服务贸易具体承诺减让表》对建筑设计服务（CPC8671）、工程服务（CPC8672）在跨境交付项下市场准入限制为"要求与中国专业机构进行合作，方案设计除外"。[其中，工程服务（CPC8672）项下包括工程咨询服务]《建设工程勘察设计管理条例》第八条规定，建设工程勘察、设计单位应当在其资质等级许可的范围内承揽建设工程勘察、设计业务。第九条规定，国家对从事建设工程勘察、设计活动的专业技术人员，实行执业资格注册管理制度。《外商投资建设工程设计企业管理规定实施细则》第二条规定，外商投资建设工程设计企业，首次申请工程设计资质，其外国服务提供者（外国投资方）应提供两项及以上中国境外完成的工程设计业绩，其中至少一项工程设计业绩是在其所在国或地区完成的。
专业服务	法律服务	探索密切内地（大陆）律师事务所与港澳台地区律师事务所业务合作的方式与机制。	《外商投资产业指导目录（2017年修订）》禁止外商投资中国法律事务咨询（提供有关中国法律环境影响的信息除外）。

附件3

深化服务贸易创新发展试点任务及政策保障措施

	试点任务	政策保障措施	责任单位
进一步完善管理体制	加强国务院服务贸易发展部际联席会议工作统筹、政策协调、信息共享。	—	商务部牵头推进
	强化地方服务贸易跨部门统筹协调决策机制。	—	试点地区负责推进；商务部支持指导
	加快服务贸易领域地方性法规立法探索，围绕市场准入、管理、促进、统计、监测等形成经验。全面建立地方政府服务贸易发展绩效评价与考核机制。		
进一步扩大对外开放	在试点地区分阶段推出开放便利举措。	—	试点地区负责推进；外交部、工业和信息化部、公安部、司法部、住房和城乡建设部、人民银行、海关总署、港澳办、台办、银保监会、外专局、中医药局及其他行业主管部门按职责分工落实开放便利举措并予以支持指导
	借鉴自贸试验区和北京市服务业扩大开放综合试点等的开放经验，推动服务领域对外开放。	积极借鉴自贸试验区和北京市服务业扩大开放综合试点等在金融、旅游、文化教育、医疗健康、信息服务等服务领域的开放经验。	试点地区负责推进；商务部会同有关部门和单位支持指导

续表

	试点任务	政策保障措施	责任单位
进一步扩大对外开放	借鉴自贸试验区和北京市服务业扩大开放综合试点等的开放经验，推动服务领域对外开放。	探索对外商投资旅游类项目（国家级风景名胜区、国家自然保护区、全国重点文物保护单位、世界自然和文化遗产保护区旅游开发和资源保护项目除外）试行分级下放核准事权。	试点地区负责推进；发展改革委、商务部等部门和单位负责落实政策保障
	扩大新兴服务业双向开放。	—	试点地区负责推进；商务部会同有关部门和单位支持指导
	探索完善跨境交付、境外消费、自然人移动等模式下服务贸易市场准入制度，逐步放宽或取消限制措施，有序推进对外开放。	—	试点地区负责推进；有关行业主管部门负责落实开放便利举措并予以支持指导
	支持试点地区探索建立服务领域开放风险预警机制。	—	试点地区负责推进；商务部、有关行业主管部门支持指导
进一步培育市场主体	科学建设运营全国性、区域性公共服务平台，加强对现有公共服务平台的整合与统筹利用，提高服务效率。	—	试点地区和商务部、财政部等有关部门和单位负责推进
	鼓励金融机构在风险可控、商业可持续的前提下创新适应服务贸易特点的金融服务。	在遵守跨境人民币业务和外汇管理有关规定的前提下，鼓励政策性金融机构在现有业务范围内加大对服务贸易企业开拓国际市场、开展国际并购等业务的支持力度，支持服务贸易重点项目建设。	试点地区负责推进；银保监会、人民银行、商务部等有关部门和单位负责落实政策保障

续表

	试点任务	政策保障措施	责任单位
进一步培育市场主体	鼓励金融机构在风险可控、商业可持续的前提下创新适应服务贸易特点的金融服务。	金融机构在风险可控和商业可持续的前提下创新金融产品和服务，为"轻资产"服务贸易企业提供融资支持。	试点地区负责推进；人民银行、银保监会、证监会等部门和单位负责落实政策保障
		探索运用大数据等技术手段创新服务贸易企业信用等级评定方法，为其融资创造更有利条件。	试点地区负责推进；人民银行、银保监会、证监会等部门和单位负责落实政策保障并予以支持指导
	探索建设一批服务贸易境外促进中心。	—	试点地区负责推进；商务部、财政部、外交部、贸促会等部门和单位支持指导
	更好地发挥贸易促进机构、行业协会的贸易促进作用。	—	试点地区和贸促会负责推进
	充分发挥中国（北京）国际服务贸易交易会的平台作用。	—	商务部、北京市人民政府负责推进
	推动试点地区与重点服务贸易伙伴加强合作，支持企业开拓国际市场。	支持试点地区探索与重点服务贸易伙伴在重点领域加强合作。	试点地区和商务部、贸促会等部门和单位负责推进
		积极争取国际组织的资金支持，建设家政劳务输出基地，推动服务业进行国际交流与合作。	商务部负责推进
进一步创新发展模式	依托自贸试验区、经济技术开发区等建设一批特色服务出口基地。	—	试点地区负责推进；商务部会同有关部门和单位支持指导
	发挥海关特殊监管区域政策优势，发展仓储物流、研发设计、检验检		试点地区负责推进；商务部、海关总署、财政部等部门和单位支持指导

续表

	试点任务	政策保障措施	责任单位
进一步创新发展模式	测、维修、国际结算、分销、展览等服务贸易，重点建设数字产品与服务、维修、研发设计等特色服务出口基地。	—	试点地区负责推进；商务部、海关总署、财政部等部门和单位支持指导
	探索推进服务贸易数字化，运用数字技术提升服务可贸易性，推动数字内容服务贸易新业态、新模式快速发展。	—	试点地区负责推进；商务部、发展改革委、工业和信息化部、科技部等部门和单位支持指导
	推动以数字技术为支撑、高端服务为先导的"服务+"整体出口。	—	
	积极拓展新兴服务贸易，重点推进服务外包、技术贸易、文化贸易发展。	加快服务外包转型升级，加强技术贸易管理和促进，积极建设文化出口基地等特色服务出口基地。	试点地区负责推进；商务部会同有关部门和单位支持指导
进一步提升便利化水平	深入改革通关监管制度和模式，为与展览、维修、研发设计等服务贸易相关的货物、物品进出口提供通关便利。	加快与服务贸易相关货物的通关一体化改革，创新海关查验作业方式和手段，推广非侵入式查验等便利化方式。	试点地区负责推进；海关总署负责落实政策保障
		创新内陆和沿海口岸与服务贸易相关货物的物流联通新模式，提高通关效率。提高与服务贸易相关货物暂时进口便利度，拓展ATA单证册适用范围。对需经检疫审批的生鲜商品等特殊展品，缩短审批时间。	试点地区负责推进；海关总署负责落实政策保障

续表

试点任务		政策保障措施	责任单位
进一步提升便利化水平	深入改革通关监管制度和模式，为与展览、维修、研发设计等服务贸易相关的货物、物品进出口提供通关便利。	在海关特殊监管区域内，设立展品常年保税展示平台，缩短艺术品内容审核时限，并支持文化产品保税展示交易。	试点地区负责推进；海关总署、文化和旅游部等部门和单位按职责分工落实政策保障
		实现海关特殊监管区域间保税货物自行运输。	试点地区负责推进；海关总署负责落实政策保障
		大力支持多式联运监管中心建设，创新多式联运监管方式，促进货物运输便利化。	试点地区负责推进；海关总署等部门和单位负责落实政策保障
		推进船舶联合登临检查，提高国际航行船舶出入境查验效率，促进船舶快速通关，为国际运输服务发展创造便利条件。	试点地区负责推进；交通运输部、海关总署等部门和单位负责落实政策保障
		对参与会展、拍卖等的进出境展品、艺术品等特殊物品在有效监管的前提下优化服务，完善邮递、跨境电子商务通关服务。	试点地区负责推进；海关总署负责落实政策保障
		对医疗器械和服务贸易特殊物品进一步简化检验检疫流程。扩大快速验放机制在服务贸易领域的适用范围。构建高效的申报前检疫监管模式。	试点地区负责推进；海关总署、商务部等部门和单位负责落实政策保障

续表

	试点任务	政策保障措施	责任单位
进一步提升便利化水平	深入改革通关监管制度和模式，为与展览、维修、研发设计等服务贸易相关的货物、物品进出口提供通关便利。	实施生物材料检验检疫改革措施，推行就近报检、即报即检、现场查验等措施，为检验检测服务出口创造便利条件。	试点地区负责推进；海关总署负责落实政策保障
	提升跨境交付、自然人移动等方面的便利化水平。	—	试点地区负责推进；有关行业主管部门按职责分工落实开放便利举措并予以支持指导
	完善签证便利政策。	—	试点地区负责推进；公安部、外交部、外专局、中医药局等部门和单位按职责分工落实开放便利举措并予以支持指导
	健全境外专业人才流动机制，畅通外籍高层次人才来华创新创业渠道。	支持引进重点领域发展需要的境外高层次人才和紧缺人才。强化对海外人才在项目申请、成果推广、融资服务等方面的支持。	试点地区负责推进；外交部、外专局等部门和单位负责落实政策保障
	推动职业资格互认。	—	人力资源社会保障部、工业和信息化部、发展改革委、商务部等部门和单位按职责分工负责推进
	提升移动支付、消费服务等方面的便利化水平，积极发展入境游。	研究解决国外游客移动支付便捷性问题的举措。	试点地区负责推进；商务部、文化和旅游部、人民银行等部门和单位按职责分工落实政策保障并予以支持指导
进一步完善政策体系	修订完善《服务出口重点领域指导目录》等服务贸易领域相关目录，充分利用现有资金渠道，积极开拓海外服务市场，鼓励新兴服务出口和重点服务进口。	在《服务出口重点领域指导目录》《服务外包产业重点发展领域指导目录》范围内，支持重点新兴服务出口。	试点地区负责推进；商务部、财政部等部门和单位负责落实政策保障
		及时调整《鼓励进口服务目录》。	试点地区负责推进；商务部、财政部、发展改革委、工业和信息化部等部门和单位负责落实政策保障

续表

	试点任务	政策保障措施	责任单位
进一步完善政策体系	修订完善《服务出口重点领域指导目录》等服务贸易领域相关目录，充分利用现有资金渠道，积极开拓海外服务市场，鼓励新兴服务出口和重点服务进口。	对试点地区进口国内急需的研发设计、节能环保、环境服务和咨询等技术密集型、知识密集型服务给予贴息支持。	试点地区负责推进；财政部、税务总局、商务部、科技部、发展改革委等部门和单位负责落实政策保障
	研究完善试点地区面向出口的服务型企业所得税政策。	将服务贸易创新发展试点地区的技术先进型服务企业所得税政策推广至全国范围，落实企业境外所得税收支持政策，支持新兴服务出口。研究完善试点地区面向出口的服务型企业所得税政策。	
	结合全面实施营改增改革，对服务出口实行免税，符合条件的可实行零税率，鼓励扩大服务出口。	—	试点地区负责推进；财政部、税务总局、商务部等部门和单位支持指导
	发挥好服务贸易创新发展引导基金作用。	运行好服务贸易创新发展引导基金，建立项目信息征集协调机制，推动基金管理机构加强项目库建设和项目渠道管理。	试点地区负责推进；财政部、商务部等部门和单位负责落实政策保障
		鼓励有条件的地方设立服务贸易创新发展引导基金。	试点地区负责推进并落实政策保障
	加大出口信用保险和出口信贷对服务贸易的支持力度。	大力发展出口信用保险保单融资、供应链融资、海外并购融资、应收账款质押贷款和融资租赁等业务。	试点地区负责推进；商务部、中国出口信用保险公司等部门和单位负责落实政策保障

续表

试点任务		政策保障措施	责任单位
进一步完善政策体系	加大出口信用保险和出口信贷对服务贸易的支持力度。	鼓励保险公司针对服务贸易企业的风险特点，有针对性地创新开发保险产品，扩大服务贸易企业的出口信用保险覆盖面，在风险可控的前提下采取灵活的承保政策，简化投保手续。	试点地区负责推进；商务部、中国出口信用保险公司等部门和单位负责落实政策保障
		以信用保险和保证保险为重点抓手，充分发挥信用保证保险在服务贸易领域的作用，为服务贸易企业提供损失补偿和增信融资等服务。	
	拓宽服务贸易企业融资渠道。	积极支持符合条件的服务贸易企业在资本市场融资。加大多层次资本市场对服务贸易企业的支持力度，为服务贸易企业在交易所上市、在全国中小企业股份转让系统挂牌、发行公司债等创造更便利条件。	试点地区负责推进；证监会负责落实政策保障
		推动中小微服务贸易企业融资担保体系建设，积极推进中小微服务贸易企业综合信息共享。	试点地区负责推进；银保监会负责落实政策保障
	完善外汇管理措施。	支持开展跨国公司总部企业外汇资金集中运营管理。	外汇局负责推进并落实政策保障

续表

	试点任务	政策保障措施	责任单位
进一步完善政策体系	完善外汇管理措施。	完善服务贸易企业外汇结算政策，为技术、文化、服务外包等企业对境外优质资产开展跨境并购创造有利条件。	外汇局、发展改革委、商务部等部门和单位负责推进并落实政策保障
	加快推进人民币在服务贸易领域的跨境使用。	鼓励和支持在服务贸易及相关的投融资和跨境电子商务活动中使用人民币进行计价结算。重点支持运输、保险等跨境服务贸易扩大人民币计价和结算范围。	试点地区负责推进；人民银行负责落实政策保障
进一步健全统计体系	完善服务贸易统计监测、运行和分析体系，建立健全服务贸易重点联系企业直报系统。	—	试点地区和商务部、统计局、外汇局、税务总局等部门和单位负责推进
	开展重点联系企业统计数据直报和试点地区的外国附属机构服务贸易统计，适当增加监测企业数量，实现系统重要性服务贸易企业直报全覆盖。	—	
	建立政府部门信息共享和数据交换机制，实现服务贸易发展协调机制成员单位相关工作数据共享。	—	试点地区和国务院服务贸易发展部际联席会议各成员单位负责推进
进一步创新监管模式	建立服务贸易重点联系企业运行监测机制，创新事中事后监管举措，切实防范骗税和骗取补贴的行为。	—	试点地区和商务部、发展改革委、人民银行、税务总局、统计局、外汇局、国资委等部门和单位负责推进

续表

	试点任务	政策保障措施	责任单位
进一步创新监管模式	探索建立商务、海关、税务、外汇等部门信息共享、协同执法的服务贸易监管体系。	—	试点地区和国务院服务贸易发展部际联席会议各成员单位负责推进
	全面建立服务贸易市场主体信用记录，纳入全国信用信息共享平台并依法通过国家企业信用信息公示系统、"信用中国"网站向社会公开，实施守信联合激励和失信联合惩戒。	—	
	探索创新技术贸易管理模式。	对自由进出口技术的备案管理制度实行便利化改革，探索开展无纸化登记管理试点。	试点地区负责推进；商务部负责落实政策保障
	逐步将有关服务贸易管理事项纳入国际贸易"单一窗口"。	探索京津冀地区、长三角地区、泛珠三角地区、长江沿线口岸"单一窗口"互联互通。	试点地区负责推进；商务部、海关总署以及有关行业主管部门予以支持指导

注：各试点地区深化试点工作方案、各领域开放便利举措及政策保障措施原则上应于2018年年底前出台。

江 苏 省 商 务 厅
江 苏 省 发 展 和 改 革 委 员 会
江 苏 省 科 学 技 术 厅
江 苏 省 财 政 厅
中 国 人 民 银 行 南 京 分 行
中 华 人 民 共 和 国 南 京 海 关
国 家 税 务 总 局 江 苏 省 税 务 局
江 苏 省 市 场 监 督 管 理 局
江 苏 省 统 计 局
江 苏 银 保 监 局 筹 备 组
江 苏 省 知 识 产 权 局

苏商服函〔2018〕678号

省商务厅　省发改委　省科技厅　省财政厅
人行南京分行　南京海关　省税务局　省市场监管局
省统计局　江苏银保监局筹备组　省知识产权局
关于推广服务贸易创新发展试点经验的函

各设区市人民政府：

　　2016年2月，国务院批准包括我省苏州、江北新区在内的15个地区开展服务贸易创新发展试点。试点两年来，形成了29条试点创新经验，经国务院批准向全国复制推广。近日，商务部等11个国家部门联合发出关于推广服务贸易创新发展试点经验的通知（详见附件），对复制推广试点经验提出要求。为做好此项工作，省商务厅会同省发改委、省科技厅、省财政厅、人行南京分行、南京海关、省税务局、省市场监管局、省统计局、江苏银保监局筹备组、省知识产权局建立试点经验复制推广工作协调联系机制，经共同研究，现将有关事项通知如下：

一、我省复制推广的内容和形式

（一）国家11个部门联合发出的通知中明确由国家有关部门在全国复制推广的"建设服务贸易统计监测体系、创新出口信用保险服务、开展知识产权质押融资、对多次进出境研发产品免于办理强制性产品认证、落实技术先进型服务企业所得税优惠政策"等5条经验，由省级相应部门根据国家有关部门的具体文件规定做好推进，各地抓好落实。

（二）属于我省苏州和江北新区的试点经验（除"为服务贸易企业拓展国际市场提供知识产权海外预警服务、设立服务贸易创新发展引导基金"外），以及"发挥出口信用保险对服务贸易的融资促进作用、将服务贸易相关事项纳入国际贸易'单一窗口'"等8条经验，各地应作为近期的重点积极复制借鉴，省级相关部门做好工作指导。

（三）其他试点经验，各地也要结合实际做好借鉴推广，省级相关部门做好工作指导。（详见附件）

二、工作要求

各地要充分认识复制推广试点经验的重大意义，加强组织领导和统筹协调，加大改革力度，创新体制机制，积极创造条件，2018年重点做好制订复制推广工作方案，建立跨部门工作协调机制，推动试点经验取得实效。各地有关部门要主动作为，做好复制推广试点经验的支持和指导工作。省商务厅牵头加强对复制推广工作的督促检查。各地2018年12月15日前将复制推广情况及工作中遇到的问题报送省外经贸联席会议办公室（江苏省商务厅）。

附件：1. 我省复制推广服务贸易创新发展试点经验的内容和形式
　　　2. 商务部等11个部门关于推广服务贸易创新发展试点经验的通知

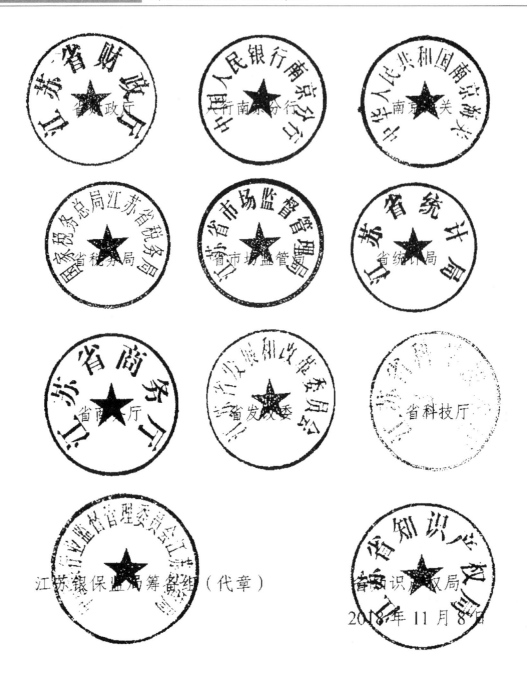

附件1

我省复制推广服务贸易创新发展试点经验的内容和形式

序号	试点经验	主要做法	试点地区	推广模式	责任主体
1	建设服务贸易统计监测体系	建设服务贸易统计监测、运行和分析体系，建立服务贸易重点监测企业制度，完善数据直报工作，并将服务贸易企业直报工作纳入统计执法。	全部试点地区	全国	国家统计局、商务部按职能分工负责，省级相应部门抓好推进
2	落实技术先进型服务企业所得税优惠政策	贯彻落实技术先进型服务企业所得税优惠政策，每年度开展技术先进型服务企业认定工作，对符合条件的技术先进型服务企业（服务贸易类）减按15%的税率征收企业所得税；企业实际发生的职工教育经费支出不超过工资薪金总额8%的部分准予在计算应纳税所得额时扣除，超过部分准予在以后纳税年度结转扣除。	全部试点地区		财政部、税务总局、商务部、科技部、国家发展改革委省级相应部门抓好推进
3	创新出口信用保险服务，加大对服务贸易的承保支持力度	扩大出口信用保险支持范围，将文化艺术产品和服务出口、离岸服务外包、信息技术服务出口、运输、技术贸易、医疗和生物医药服务、电信服务、旅游服务、教育服务、工程承包等列为重点支持行业。创新出口信用保险服务方式，加大对服务贸易的承保支持力度。	天津、上海、杭州		财政部、商务部、银保监会省级相应部门抓好推进
4	针对中小服务贸易企业开展知识产权质押融资	支持银行业金融机构在依法合规、风险可控、商业可持续的前提下开展知识产权质押融资业务，研发适合服务贸易企业需求的融资产品。探索建立风险补偿机制，构建知识产权质押贷款体系。	广州、深圳、苏州、武汉、江北新区、两江新区		国家知识产权局、人民银行、银保监会省级相应部门抓好推进
5	对多次进出境研发用产品免予办理强制性产品认证（3C免办）	将可申请免于办理强制性产品认证（3C免办）的适用条件扩展至境内多地科研测试和多次进出口的科研测试样机，开展3C免办产品协调监管，推动一地审批，全国使用，创新监管模式，解决企业研发测试样机多地使用问题。	两江新区		国家市场监管总局、商务部省级相应部门抓好推进

续表

序号	试点经验	主要做法	试点地区	推广模式	责任主体
6	建立服务贸易跨部门协调机制	各试点地区成立由政府负责同志挂帅、商务部门牵头、行业主管部门参与的服务贸易跨部门联席会议或工作领导小组，加强对服务贸易工作的统筹、领导、协调和推进。部分试点地区成立专门的工作机构，如海南省成立服务贸易促进局、江北新区设立服务贸易创新发展中心，进一步强化服务贸易主管部门的职能和人员配备。	全部试点地区	近期重点复制借鉴	各设区市（指导部门：省商务厅）
7	将服务贸易发展情况纳入地方政府考核体系	地方政府高度重视服务贸易在促进地方经济发展中的作用，将服务贸易发展指标纳入地方政府目标绩效考核体系，重点考核服务出口增速及占外贸的比重、服务贸易市场主体成长情况等。	上海、威海、杭州、苏州		各设区市
8	支持服务贸易企业开拓国际市场	完善服务贸易企业国际市场开拓支持政策体系，支持企业设立海外分支机构、有序开展境外并购，以及申请国际认证、境外商标注册、境外宣传推广、参加国际服务贸易知名展会等国际市场开拓活动。	上海、广州、武汉、江北新区		各设区市（指导部门：省商务厅、省发展改革委、省财政厅、省外办）
9	搭建服务贸易发展金融支持平台	在依法合规的前提下，建立综合金融服务平台，为企业搭建涵盖丰富金融产品和增值服务一体化的"互联网+金融"服务平台，实现企业需求与金融资源有效对接。建立地方企业征信系统，推进企业信用信息的授权采集，形成多维度、广覆盖的企业信用信息动态数据库。建立企业自主创新金融服务中心，通过银企双向沟通，量身定制金融产品，提高金融机构服务中小微企业自主创新的精准性和专业性。	苏州		各设区市（指导部门：相关省级部门）
10	创新服务贸易融资政策	设立信用保证基金，基金公司与银行、担保公司（保险公司）按一定比例共担风险。设立联动引导基金，为有成长性、有发展前景的服务贸易企业提供"投资+信贷""投资+保证保险"等金融组合产品。设立并购引导基金，对企业跨国投资并购项目进行优先引导。创新信用融资，扩大"首贷""首保"范围。	苏州		各设区市（指导部门：相关省级部门）

续表

序号	试点经验	主要做法	试点地区	推广模式	责任主体
11	促进国际人才流动,为外籍高端人才在华工作居留提供便利	打造国际人才自由港,开设专门服务窗口,为外籍人才提供签证、工作许可、永久居留申请的快捷通道。设立专门的人才招揽机构,加大对海内外高层次人才的引进力度。出台宽松的人才引进政策。	武汉、成都、苏州、深圳、西咸新区	近期重点复制借鉴	各设区市(指导部门:省外办、省公安厅、省人社厅、省外专局)
12	发挥出口信用保险对服务贸易的融资促进作用	出口信用保险公司与银行联动,探索运用保单融资等形式,推动服务贸易企业融资便利化。	杭州		各设区市、中国出口信用保险公司江苏分公司(指导部门:江苏银保监局筹备组)
13	将服务贸易相关事项纳入国际贸易"单一窗口"	逐步将技术贸易、服务外包、国际会展、国际物流、国际航行船舶进出口查验等服务贸易相关事项纳入国际贸易"单一窗口",实现部门数据共享和定期交换。	上海、深圳、广州		各设区市(指导部门:南京海关、省商务厅、省交通厅)
14	推动服务贸易统计的部门横向联动和数据共享	充分调动各横向部门推动服务贸易工作的积极性,打通本地区各级、各部门数据流通渠道,实现部门数据共享。相关部门可实时跟踪监测本领域服务贸易发展情况。	威海		各设区市(指导部门:省商务厅、各行业主管部门)
15	为服务贸易企业拓展国际市场提供知识产权海外预警服务	建设知识产权海外预警平台,为服务贸易企业提供海外知识产权相关信息,以及海外知识产权预警服务。与优质服务机构合作,根据企业申请需求,提供海外知识产权预警分析报告。	苏州	结合实际借鉴推广	各设区市(指导部门:省知识产权局)
16	设立服务贸易创新发展引导基金	在国家层面设立服务贸易创新发展引导基金。试点地区通过利用现有资金渠道设立财政资金与社会资本共同参与、市场化运营的地方服务贸易创新发展引导基金,重点对新兴服务贸易企业和项目、服务贸易企业增强创新能力、开拓国际市场、开展境外并购等提供融资支持。	上海、深圳、威海、江北新区、哈尔滨新区		各设区市(指导部门:省财政厅、省商务厅)

续表

序号	试点经验	主要做法	试点地区	推广模式	责任主体
17	探索地方层面与重点服务贸易伙伴在重点领域加强合作	结合本地政策优势与区位优势，创新与重点服务贸易伙伴在重点领域的合作方式。如广州在《关于建立更紧密经贸关系的安排》（CEPA）框架下深化与港澳特区在旅游、法律服务、金融服务、运输服务、文化体育、医疗健康养老、教育服务等领域合作；成都打造"中国-欧洲中心"，搭建对欧开放平台；哈尔滨突出对俄合作，成立对俄电力合作联盟、中俄金融联盟，建立科技合作基地，作为自俄罗斯技术引进的重要载体。	广州、成都、哈尔滨新区	结合实际借鉴推广	各设区市（指导部门：省商务厅等有关部门）
18	依托商业银行建设服务贸易（试点）支行，创新金融支持方式	依托威海市商业银行、中国银行威海分行，在符合相关规定的前提下，设立服务贸易（试点）支行。在风险可控、商业可持续的前提下，探索推出国际物流运输服务贸易贷款、文化产品和服务出口信贷、境外投资贷款、高新技术产品进出口信贷等产品，综合采取多种方式，提供多样化的融资支持。	威海		各设区市（指导部门：人民银行南京分行、江苏银保监局筹备组）
19	优化国际留学生政策，促进教育服务贸易发展	扩大政府奖学金的资助规模，鼓励本地高校设立国际留学生奖学金。优化吸引国际留学生的制度化政策环境，允许国际留学生在政策规定的范围内参加勤工助学活动。为国际留学毕业生在华创新创业提供支持。加大海外招生宣传力度，组织高校开展高等教育招生推介活动，有针对性地开发重点市场。	海南、成都、哈尔滨新区		各设区市（指导部门：省教育厅、省公安厅）
20	提升邮轮及旅客通关便利化水平，促进邮轮经济发展	推行"诚信船舶通关零待时"机制，在风险评估后，对低风险邮轮实施电讯检疫，提升邮轮通关效率和靠港作业速度。推行"自主通关、智能分类、风险选查"的智能化旅检通关模式，提高通关效率。	上海、广州		各设区市（指导部门：南京海关、省交通厅）

续表

序号	试点经验	主要做法	试点地区	推广模式	责任主体
21	创新出入境特殊物品监管模式	实施出入境特殊物品检验检疫改革,为企业量身定制就近报检、即报即检、分级管理、现场查验、查验合格立即签发通关单、加强事中事后监管等6项便利化措施。创新监管模式,实现"口岸放行、平台查验、后续监管"。以风险评估的方式代替前置审批,优化卫生检疫监管流程,缩短通关时间,促进服务贸易发展。	广州、上海	结合实际借鉴推广	各设区市（指导部门：南京海关）
22	"互联网+海关"改革	实施"互联网+海关"改革,推行"互联网+自助报关""互联网+自报自缴""互联网+企业备案""互联网+自主管理"等通关模式改革,涵盖企业管理、货物报关、货物查验、税费缴纳等多个通关环节。企业通过"互联网+海关"平台,可随时随地申请办理企业备案、合同备案、货物报关、货物查验、税费缴纳等多项业务。	广州		各设区市（指导部门：南京海关）
23	创新国际会展通关便利化举措	打造国际展品绿色通道。对于国际大型展会设立服务窗口,为企业"一窗办理"海关相关业务,为获得高级认证资格的企业提供"一对一"个性化服务。对展品简化强制性认证免办手续,全面启动检验检疫无纸化申报系统、移动查验平台。	广州		各设区市（指导部门：南京海关）
24	依托大数据促进服务贸易数字化发展	设计较为完整的大数据脱敏、监管、交易机制,优化大数据交易制度环境,促进服务贸易数字化发展。	贵安新区		各设区市
25	推动"互联网+中医药服务贸易"融合发展	创新线上和线下相融合的中医药服务模式。发展远程中医药诊疗,探索通过互联网技术远程支持境外诊疗服务,建设"海上中医"国际医疗健康服务平台海外分中心。	上海、深圳		各设区市（指导部门：省中医药局）

续表

序号	试点经验	主要做法	试点地区	推广模式	责任主体
26	建设"一带一路"语言服务平台，推动语言服务贸易发展	建设基于大数据和移动互联网技术的语言服务平台，包括多语言全媒体呼叫中心、跨语言大数据中心、多语言定制App、多语言视频会议系统等板块，涉及政务、商贸、旅游、法律、教育、医疗、海关、边检等各个领域，满足各级政府、企事业单位、个人对"一带一路"沿线国家和地区在克服相关语言障碍和获取大数据信息方面的需求，推动语言服务贸易发展。	西咸新区、武汉	结合实际借鉴推广	各设区市
27	纪录片方案国际预售融资模式	广州国际纪录片节首创纪录片方案国际预售融资模式，帮助中国纪录片提案获得国际联合制作融资或引荐机会，推动"中国故事"走向国际市场，促进文化服务出口。	广州		各设区市
28	在跨境电商领域开展基于大数据的物流账款智慧管理业务	在跨境电商领域首创基于大数据的物流账款智慧管理业务，整合政府相关部门及跨境电商市场主体贸易数据，经过整理、建模等，评估各跨境电商企业信用值（分为AAA—BB五个等级），给予AA级信用以上跨境电商企业延长物流账期的优惠，降低中小微跨境电商企业成本，促进跨境电商行业发展。	杭州		各设区市
29	创新跨境电商出口保险服务	创新跨境电商出口保险服务，与eBay、Amazon、Wish等海外知名电商平台系统对接，通过设定数据模型对出口电商交易的真实性、交易产品的合法性、保险赔付的可追溯性进行分析，与保险公司合作，为电商平台上大量小额、多频的交易和跨境物流提供保险服务，并建立具备自我纠偏功能的智能系统，可为10万家卖家定制不同的保险费率。	深圳		各设区市

附件2

中华人民共和国商务部
中华人民共和国国家发展和改革委员会
中华人民共和国科学技术部
中华人民共和国财政部
中国人民银行
中华人民共和国海关总署
国家税务总局
国家市场监督管理总局
国家统计局
中国银行保险监督管理委员会
国家知识产权局

商服贸函〔2018〕376号

商务部　发展改革委　科技部　财政部　人民银行
海关总署　税务总局　市场监管总局
统计局　银保监会　知识产权局
关于推广服务贸易创新发展试点经验的通知

各省、自治区、直辖市人民政府：

2016年2月，国务院批准开展服务贸易创新发展试点（以下简称"试点"）。各试点地区积极推进服务贸易领域供给制结构性改革,探索适应服务贸易创新发展的体制机制和政策措施,在管理体制、促进机制、政策体系和监管模式方面先行先试,形成了5个方面、29条试点创新经验,经国务院批准向全国复制推广。现就有关事项通知如下:

一、复制推广的内容和形式

(一)管理体制方面,包括建立服务贸易跨部门协调机制、建设服务贸易统计监测体系、推动部门横向联动和数据共享、将服务贸易工作纳入地方政府考核体系等4条经验。

(二)促进机制方面,包括支持服务贸易企业开拓国际市场、搭建服务贸易金融支持平台、知识产权海外预警服务、地方层面与重点服务贸易伙伴加强合作等4条经验。

(三)政策体系方面,包括落实技术先进型服务企业所得税优惠政策、设立服务贸易创新发展引导基金、开展知识产权质押融资、加大出口信用保险支持力度、创新服务贸易融资政策、依托商业银行建设服务贸易(试点)支行、发挥出口信用保险对服务贸易的融资促进作用、促进国际人才流动便利、优化国际留学生政策等9条经验。

(四)监管模式方面,包括将服务贸易相关事项纳入国际贸易"单一窗口",对进出境研发用产品、特殊物品等监管模式创新,邮轮旅游、国际会展等新兴服务出口便利化创新,"互联网+海关"改革等6条经验。

(五)新业态新模式方面,包括依托大数据推进服务贸易数字化,发展"互联网+中医药服务贸易"、语言服务贸易,纪录片方案国际预售融资模式,跨境电商物流账款智慧管理模式,跨境电商出口保险服务创新等6条经验。

其中,建设服务贸易统计监测体系、创新出口信用保险服务、开展知识产权质押融资、对多次进出境研发产品免于办理强制性产品认证、落实技术先进型服务企业所得税优惠政策等5条经验由有关部门负责在全国复制推广,其余24条经验由各省市或其他试点地区结合实际自行借鉴推广。

二、工作要求

各地要以习近平新时代中国特色社会主义思想为指导,全面贯彻党的十九大精神,充分认识复制推广试点经验的重大意义,将复制推广工作作为加快服务贸易创新发展、构建开放型经济新体制、推动高质量发展的重要举措,加强组织领导和统筹协调,加大改革力度,创新体制机制,强化督促检查,积极创造条件,推动试点经验落地生根、取得实效。各地有关部门要主动作为,做好复制推广试点经验的支持和指导工作。2018年年底前将复制推广情况及工作中遇到的问题报送国务院服务贸易发展部际联席会议办公室（商务部）。

附件：服务贸易创新发展试点经验

附件

服务贸易创新发展试点经验

序号	试点任务	试点经验	主要做法	试点地区	推广模式	责任主体
1	管理体制	建立服务贸易跨部门协调机制	各试点地区成立由政府负责同志挂帅、商务部门牵头、行业主管部门参与的服务贸易跨部门联席会议或工作领导小组,加强对服务贸易工作的统筹、领导、协调和推进。部分试点地区成立专门的工作机构,如海南省成立服务贸易促进局、江北区设立服务贸易创新发展中心,进一步强化服务贸易主管部门的职能和人员配备。	全部试点地区	借鉴推广	各省市(指导部门:商务部)
2	管理体制	建设服务贸易统计监测体系	建设服务贸易统计监测、运行和分析体系,建立服务贸易重点监测企业制度,完善数据直报工作,并将服务贸易企业直报工作纳入统计执法。	全部试点地区	全国	统计局、商务部按职能分工负责
3	管理体制	推动服务贸易统计的部门横向联动和数据共享	充分调动各横向部门推动服务贸易工作的积极性,打通本地区各级、各部门数据流通渠道,实现部门数据共享。相关部门可实时跟踪监测本领域服务贸易发展情况。	威海	借鉴推广	各省市(指导部门:商务部、各行业主管部门)
4	管理体制	将服务贸易发展情况纳入地方政府考核体系	地方政府高度重视服务贸易在促进地方经济发展中的作用,将服务贸易发展指标纳入地方政府目标绩效考核体系,重点考核服务贸易出口增速及占外贸的比重、服务贸易市场主体成长情况等。	上海、威海、杭州、苏州	借鉴推广	各省市
5	促进机制	支持服务贸易企业开拓国际市场	完善服务贸易企业国际市场开拓支持政策体系,支持企业设立海外分支机构、有序开展境外并购,以及申请国际认证、境外商标注册、境外宣传推广、参加国际服务贸易知名展会等国际市场开拓活动。	上海、广州、武汉、江北新区	借鉴推广	各省市(指导部门:商务部、发展改革委、财政部、外交部)

续表

序号	试点任务	试点经验	主要做法	试点地区	推广模式	责任主体
6	促进机制	搭建服务贸易发展金融支持平台	在依法合规的前提下,建立综合金融服务平台,为企业搭建涵盖丰富金融产品和增值服务一体化的"互联网+金融"服务平台,实现企业需求与金融资源有效对接。建立地方企业征信系统,推进企业信用信息的授权采集,形成多维度、广覆盖的企业信用信息动态数据库。建立企业自主创新金融服务中心,通过银企双向沟通,量身定制金融产品,提高金融机构服务中小微企业自主创新的精准性和专业性。	苏州	借鉴推广	各省市(指导部门:人民银行、银保监会)
7		为服务贸易企业拓展国际市场提供知识产权海外预警服务	建设知识产权海外预警平台,为服务贸易企业提供海外知识产权相关信息,以及海外知识产权预警服务,与优质服务机构合作,根据企业申请需求,提供海外知识产权预警分析报告。	苏州	借鉴推广	各省市(指导部门:知识产权局)
8		探索地方层面与重点服务贸易伙伴在重点领域加强合作	结合本地政策优势与区位优势,创新与重点服务贸易伙伴在重点领域的合作方式。如广州在《关于建立更紧密经贸关系的安排》(CEPA)框架下深化与港澳特区在旅游、法律服务、金融服务、运输服务、文化体育、医疗健康养老、教育服务等领域的合作;成都打造"中国-欧洲中心",搭建对欧开放平台;哈尔滨突出对俄合作,成立对俄电力合作联盟、中俄金融联盟,建立科技合作基地,作为自俄罗斯技术引进的重要载体。	广州、成都、哈尔滨新区	借鉴推广	各省市(指导部门:商务部等有关部门)
9	政策体系	落实技术先进型服务企业所得税优惠政策	贯彻落实技术先进型服务企业所得税优惠政策,每年度开展技术先进型服务企业认定工作,对符合条件的技术先进型服务企业(服务贸易类)减按15%的税率征收企业所得税;企业实际发生的职工教育经费支出不超过工资薪金总额8%的部分准予在计算应纳税所得额时扣除,超过部分准予在以后纳税年度结转扣除。	全部试点地区	全国	财政部、税务总局、商务部、科技部、发展改革委

续表

序号	试点任务	试点经验	主要做法	试点地区	推广模式	责任主体
10		创新出口信用保险服务，加大对服务贸易的承保支持力度	扩大出口信用保险支持范围，将文化艺术产品和服务出口、离岸服务外包、信息技术服务出口、运输、技术贸易、医疗和生物医药服务、电信服务、旅游服务、教育服务、工程承包等列为重点支持行业。创新出口信用保险服务方式，加大对服务贸易的承保支持力度。	天津、上海、杭州	全国	财政部、商务部、银保监会
11		针对中小服务贸易企业开展知识产权质押融资	支持银行业金融机构在依法合规、风险可控、商业可持续的前提下开展知识产权质押融资业务，研发适合服务贸易企业需求的融资产品。探索建立风险补偿机制，构建知识产权质押贷款体系。	广州、深圳、苏州、武汉、江北新区、两江新区	全国	知识产权局、人民银行、银保监会
12	政策体系	设立服务贸易创新发展引导基金	在国家层面设立服务贸易创新发展引导基金。试点地区通过利用现有资金渠道设立财政资金与社会资本共同参与、市场化运营的地方服务贸易创新发展引导基金，重点对新兴服务贸易企业和项目、服务贸易企业增强创新能力、开拓国际市场、开展境外并购等提供融资支持。	上海、深圳、威海、江北新区、哈尔滨新区	借鉴推广	各省市（指导部门：财政部、商务部）
13		创新服务贸易融资政策	设立信用保证基金，基金公司与银行、担保公司（保险公司）按一定比例共担风险。设立联动引导基金，为有成长性、有发展前景的服务贸易企业提供"投资+信贷""投资+保证保险"等金融组合产品。设立并购引导基金，对企业跨国投资并购项目进行优先引导。创新信用融资，扩大"首贷""首保"范围。	苏州	借鉴推广	各省市（指导部门：银保监会）
14		依托商业银行建设服务贸易（试点）支行，创新金融支持方式	依托威海市商业银行、中国银行威海分行，在符合相关规定的前提下，设立服务贸易（试点）支行。在风险可控、商业可持续的前提下，探索推出国际物流运输服务贸易贷款、文化产品和服务出口信贷、境外投资贷款、高新技术产品进出口信贷等产品，综合采取多种方式，提供多样化的融资支持。	威海	借鉴推广	各省市（指导部门：人民银行、银保监会）

续表

序号	试点任务	试点经验	主要做法	试点地区	推广模式	责任主体
15	政策体系	发挥出口信用保险对服务贸易的融资促进作用	出口信用保险公司与银行联动，探索运用保单融资等形式，推动服务贸易企业融资便利化。	杭州	借鉴推广	各省市、中国出口信用保险公司（指导部门：银保监会）
16	政策体系	促进国际人才流动，为外籍高端人才在华工作居留提供便利	打造国际人才自由港，开设专门服务窗口，为外籍人才提供签证、工作许可、永久居留申请的快捷通道。设立专门的人才招揽机构，加大对海内外高层次人才的引进力度，出台宽松的人才引进政策。	武汉、成都、苏州、深圳、西咸新区	借鉴推广	各省市（指导部门：外交部、公安部、人力资源社会保障部、外专局）
17		优化国际留学生政策，促进教育服务贸易发展	扩大政府奖学金的资助规模，鼓励本地高校设立国际留学生奖学金。优化吸引国际留学生的制度化政策环境，允许国际留学生在政策规定的范围内参加勤工助学活动。为国际留学毕业生在华创新创业提供支持。加大海外招生宣传力度，组织高校开展高等教育招生推介活动，有针对性地开发重点市场。	海南、成都、哈尔滨新区	借鉴推广	各省市（指导部门：教育部、公安部）
18	监管模式	对多次进出境研发用产品免予办理强制性产品认证（3C免办）	将可申请免于办理强制性产品认证（3C免办）的适用条件扩展至境内多地科研测试和多次进出口的科研测试样机，开展3C免办产品协调监管，推动一地审批，全国使用，创新监管模式，解决企业研发测试样机多地使用问题。	两江新区	全国	市场监管总局、商务部
19	监管模式	将服务贸易相关事项纳入国际贸易"单一窗口"	逐步将技术贸易、服务外包、国际会展、国际物流、国际航行船舶进出口查验等服务贸易相关事项纳入国际贸易"单一窗口"，实现部门数据共享和定期交换。	上海、深圳、广州	借鉴推广	各省市（指导部门：海关总署、商务部、交通运输部）
20		提升邮轮及旅客通关便利化水平，促进邮轮经济发展	推行"诚信船舶通关零待时"机制，在风险评估后，对低风险邮轮实施电讯检疫，提升邮轮通关效率和靠港作业速度。推行"自主通关、智能分类、风险选查"的智能化旅检通关模式，提高通关效率。	上海、广州	借鉴推广	各省市（指导部门：海关总署、交通运输部）

续表

序号	试点任务	试点经验	主要做法	试点地区	推广模式	责任主体
21	监管模式	创新出入境特殊物品监管模式	实施出入境特殊物品检验检疫改革，为企业量身定制就近报检、即报即检、分级管理、现场查验、查验合格立即签发通关单、加强事中事后监管等6项便利化措施。创新监管模式，实现"口岸放行、平台查验、后续监管"。以风险评估的方式代替前置审批，优化卫生检疫监管流程，缩短通关时间，促进服务贸易发展。	广州、上海	借鉴推广	各省市（指导部门：海关总署）
22		"互联网+海关"改革	实施"互联网+海关"改革，推行"互联网+自助报关""互联网+互动查验""互联网+自报自缴""互联网+企业备案""互联网+自主管理"等通关模式改革，涵盖企业管理、货物报关、货物查验、税费缴纳等多个通关环节。企业通过"互联网+海关"平台，可随时随地办理企业备案、合同备案、货物报关、货物查验、税费缴纳等多项业务。	广州	借鉴推广	各省市（指导部门：海关总署）
23		创新国际会展通关便利化举措	打造国际展品绿色通道。对于国际大型展会设立服务窗口，为企业"一窗办理"海关相关业务，为获得高级认证资格的企业提供"一对一"个性化服务。对展品简化强制性认证免办手续，全面启动检验检疫无纸化申报系统、移动查验平台。	广州	借鉴推广	各省市（指导部门：海关总署）
24	新业态新模式	依托大数据促进服务贸易数字化发展	设计较为完整的大数据脱敏、监管、交易机制，优化大数据交易制度环境，促进服务贸易数字化发展。	贵安新区	借鉴推广	各省市
25		推动"互联网+中医药服务贸易"融合发展	创新线上和线下相融合的中医药服务模式。发展远程中医药诊疗，探索通过互联网技术远程支持境外诊疗服务，建设"海上中医"国际医疗健康服务平台海外分中心。	上海、深圳	借鉴推广	各省市（指导部门：中医药局）

续表

序号	试点任务	试点经验	主要做法	试点地区	推广模式	责任主体
26	新业态新模式	建设"一带一路"语言服务平台，推动语言服务贸易发展	建设基于大数据和移动互联网技术的语言服务平台，包括多语言全媒体呼叫中心、跨语言大数据中心、多语言定制App、多语言视频会议系统等板块，涉及政务、商贸、旅游、法律、教育、医疗、海关、边检等各个领域，满足各级政府、企事业单位、个人对"一带一路"沿线国家和地区在克服相关语言障碍和获取大量数据信息方面的需求，推动语言服务贸易发展。	西咸新区、武汉	借鉴推广	各省市
27		纪录片方案国际预售融资模式	广州国际纪录片节首创纪录片方案国际预售融资模式，帮助中国纪录片提案获得国际联合制作融资或引荐机会，推动"中国故事"走向国际市场，促进文化服务出口。	广州	借鉴推广	各省市
28		在跨境电商领域开展基于大数据的物流账款智慧管理业务	在跨境电商领域首创基于大数据的物流账款智慧管理业务，整合政府相关部门及跨境电商市场主体贸易数据，经过整理、建模等，评估各跨境电商企业信用值（分为AAA—BB五个等级），给予AA级信用以上跨境电商企业延长物流账期的优惠，降低中小微跨境电商企业成本，促进跨境电商行业发展。	杭州	借鉴推广	各省市
29		创新跨境电商出口保险服务	创新跨境电商出口保险服务，与eBay、Amazon、Wish等海外知名电商平台系统对接，通过设定数据模型对出口电商交易的真实性、交易产品的合法性、保险赔付的可追溯性进行分析，与保险公司合作，为电商平台上大量小额、多频的交易和跨境物流提供保险服务，并建立具备自我纠偏功能的智能系统，可为10万家卖家定制不同的保险费率。	深圳	借鉴推广	各省市

抄送：中央宣传部、外交部、教育部、工业和信息化部、公安部、司法部、人力资源社会保障部、自然资源部、生态环境部、住房城乡建设部、交通运输部、文化和旅游部、卫生健康委、国资委、广电总局、体育总局、港澳办、台办、证监会、能源局、移民管理局、外专局、铁路局、民航局、邮政局、中医药局、外汇局、贸促会。

商务部办公厅	2018 年 7 月 20 日印发

苏州市深化服务贸易创新发展试点重点试点行业十大行动计划
（讨论稿）

苏州市深化运输服务贸易创新发展试点行动计划
（2018—2020年）

一、工作思路

国际服务贸易的发展促进物流国际化，并对国际物流提出新要求。苏州是先进制造业基地，全国物流园区发展规划中的一级物流园区布局城市，正处于外贸转型升级的关键期，国际物流服务业发展空间巨大。国家"一带一路"及长江经济带发展战略给我市国际物流业发展提供了机遇。

二、工作目标

根据国务院《关于印发优化口岸营商环境促进跨境贸易便利化工作方案的通知》和国务院办公厅《关于印发推进运输结构调整三年行动计划（2018—2020年）》等通知要求，立足苏州区位及产业发展优势，充分发挥苏州沿江港口对外开放及保税物流发展优势，进一步扩大铁路国际货运班列影响力，完善口岸服务功能，推进国际物流集约化、智能化、标准化发展，建设区域性的国际采购、分拨和配送中心，形成集采购执行、仓储管理、运输服务、物流金融于一体的现代国际物流服务体系。

深化运输服务贸易试点工作，到2020年，苏州港集装箱吞吐量突破650万TEU，培育亿元以上重点龙头型国际物流企业30家，打造一批综合国际物流服务平台，力争国际物流服务贸易实现年均10%以上的增长。进一步加快推进江苏（苏州）国际铁路物流中心建设，推进内河集疏航道和苏州太仓港集装箱干线长江主枢纽港建设，促进苏州港对接上海国际航运中心、宁波舟山江海联运中心，实现江海联运发展。

三、基本原则

市场主导、政府引导。充分发挥市场在资源配置中的决定性作用，更好地发挥政府作用，进一步健全政策法规与标准规范，营造物流业发展良好环境。

锐意创新、技术支撑。推广先进技术应用，大力推动"互联网+"高效物流发展，鼓励基于互联网的物流服务模式、管理模式创新及新兴业态发展。

多业融合、协同联动。推动物流业与制造业、商贸业等联动发展，加强部门间、产业间、区域间协同联动，推进运输链、物流链、产业链三链深度融合。

四、牵头单位及试点地区

牵头单位：市交通运输局。

试点地区：太仓市、张家港市、常熟市、昆山市，姑苏区、工业园区、高新区。

五、行动内容

（一）完善国际物流大通道

1. 加快铁路节点建设。充分发挥苏满欧、苏满俄、苏新亚等国际班列基础平台作用，进一步推进江苏（苏州）国际铁路物流中心口岸项目建设，推进铁路西站周边区域基础设施建设，加快太仓港铁路专用线建设。支持铁路货运场站向综合物流基地转型升级，加强铁路与邮政、区域配送等的衔接协同，进一步提升铁路对外运输服务能力和水平。（责任单位：市交通运输局、铁路西站、市邮管局、苏州高新区管委会、太仓港口管委会、姑苏区政府、太仓市政府）

2. 推进海运通道建设。推进苏申内港线、苏申外港线、青阳港等航道整治工程。以沿江港口为重点，大力拓展、整合港口资源，增强港口服务保障能力。扩大与上海港、沿江港口和国内沿海港口的合作。新辟、加密港口沿海、近洋航线，提高东南亚航班覆盖密度。扩大太仓港至洋山港"五定班轮"服务能力，提升苏州港国际海运服务能力。（责任单位：市交通运输局、太仓港口管委会、张家港市政府、常熟市政府、太仓市政府、昆山市政府、吴中区政府、吴江区政府）

3. 推进虚拟空港建设。依托物流园区、综合保税区，进一步发挥"虚拟空港"的平台作用，同时深化与航空公司、机场等各方的合作，搭建苏州工业园区城市货站，实现与周边实体机场的无缝对接,加快推进陆空联运、空陆联程,进一步提升和完善虚拟空港服务功能。(责任单位:苏州海关、工业园区海关、苏州工业园区管委会)

(二)创新物流发展模式

1. 加快物流聚集区建设。加大对物流枢纽(园区)、公共配送中心、冷链物流基地、快递分拨中心等物流基础设施建设。支持一批省市重点物流园区和物流基地发展,引导物流企业集聚发展。(责任单位:市发改委、经信委、商务局、交通运输局、邮管局,各市、区政府)创新物流组织模式。推进多式联运及甩挂运输发展,积极发展滚装运输、江海直达运输和集装箱拼箱业务。开展外贸集装箱进出口拆拼箱业务,建立健全货物中转集拼业务监管体系,扩大内外贸同船运输、国轮捎带、国际航班国内段货物运输适用范围。推进无车(船)承运人发展。支持龙头骨干物流企业网络化布局,促进资源高效利用、物流市场集约发展。(责任单位:市交通运输局、发改委、经信委、邮管局、太仓港口管委会、姑苏区政府)

2. 优化物流服务模式。加快苏州国际快件处理中心建设。推进电子商务与快递物流协同发展。加强城乡共同配送体系建设,推进绿色货运配送示范城市创建工作。引导物流企业积极发展集采购执行、仓储管理、流通加工、分销执行、配送运输及物流金融于一体的供应链服务模式。(责任单位:市交通运输局、发改委、公安局、商务局、邮管局,各市、区政府)

(三)推进智慧物流建设

1. 积极发展"互联网+物流"。鼓励物流企业利用"互联网+"发展一体化、全过程的供应链管理服务,促进线上、线下融合发展,提升仓储、运输、配送等智能化水平,培育智慧物流示范企业,推动物流活动向信息化、数据化发展。搭建开放共享的物流信息服务平台,开展物流全程监测、预警,提高物流行业安全、环保和诚信水平,推进物流信息可追溯。(责任单位:市交通运输局、发改委、经信委)

2. 推进物流标准化。推进物流设施标准化、物流作业标准化、物流信息标准化。推动城市配送车型标准化、清洁化、专业化发展。鼓励发展集装箱、厢式半挂托盘等标准化运载单元。充分利用互联网、物联网技术,大力推广使用包装、装卸搬运、运输作业、存储等标准,提高物流标准化水平。完善物流信息交换开放标准体系,探索供应链为产业链反馈的服务标准。(责任单位:市商务局、经信委、交通运输局、质监局)

3. 推进口岸通关便利化。充分利用信息化、智能化手段提高口岸监管执法和物流作业效率。推进海关、边检、海事一次性联合检查。海关与检验检疫业务全面融合,实现"五统一"。加强国际贸易"单一窗口"建设,完善口岸服务功能,提高贸易便利化水平。清理规范口岸经营服务性收费,进一步优化口岸营商环境。(责任单位:苏州海

关、工业园区海关、市商务局、发改委、交通运输局）

（四）提升国际物流竞争力

1. 强化品牌建设。贯彻落实国家、省、市促进物流业健康发展的各项政策，加快推进物流业转型升级。培育一批国际物流服务贸易品牌，发展壮大一批第三方、第四方物流企业，增强苏州国际物流服务贸易整体竞争力。（责任单位：市经信委、发改委、商务局、交通运输局）

2. 促进产业联动。引导实体经济企业物流需求社会化和制造业企业服务外包。推动物流聚集区与制造业集聚区、产业集群协调发展，形成产、购、销、运、储一体化产业生态圈。培育、壮大一批产业联动发展示范企业。（责任单位：市经信委、发改委、商务局、交通运输局）

3. 推进开放发展。加大物流业重点企业、重点项目、重点平台的招商引资力度，推进物流企业对外合作，支持物流企业"走出去"，鼓励开展海外并购，建设"海外仓"等国际物流服务载体，提升物流业国际化水平。争取允许中资控股的非五星旗船在沿海港口与苏州港（常熟、张家港、太仓）之间开展进出口集装箱捎带业务。（责任单位：市商务局、发改委、经信委、交通运输局）

六、保障措施

1. 创新管理体制。进一步深化运输服务贸易"放管服"改革，优化审批流程，提高审批效率，加强事中事后监管，营造物流业开放发展的良好环境。充分发挥行业协会作用，共同推进国际物流业发展。加强国际物流服务贸易各相关部门信息共享和沟通协调，提高公共服务能力和行业监测能力。（责任单位：市交通运输局、发改委、经信委、商务局、苏州海关）

2. 完善政策措施。研究制定国际物流服务贸易创新发展扶持政策，制定出台"苏满欧"等国际班列市级扶持资金及办法。完善涉企收费目录清单制度，降低物流企业成本负担。加强部门协作，通过服务业、交通运输、工业转型升级、商贸等专项引导资金，加大对国际物流重点企业、项目的支持。（责任单位：市财政局、发改委、经信委、商务局、交通运输局、苏州海关）

3. 优化企业服务。建立物流重点企业库、重点项目库、重点平台库，加强联系，开展有针对性的重点服务。切实帮助企业解决在国际化发展过程中遇到的困难和问题。强化物流企业和从业人员诚信信息归集、共享、公开和使用，建立健全市场主体诚信档案、行业黑名单制度和市场退出机制。（责任单位：市交通运输局、发改委、经信委、商务局）

苏州市深化金融服务贸易创新发展试点行动计划
（2018—2020年）

一、工作思路

全面贯彻落实国务院《关于同意深化服务贸易创新发展试点的批复》精神，按照打造服务贸易创新高地的总体要求，以助推服贸企业转型升级、创新发展为目标，以"聚焦重点、鼓励创新、培育特色、注重协调"为原则，通过推改革、优服务、促投放、建平台、育新态加快实现规划目标，为苏州深入实施服务贸易创新发展试点，建设具有国际竞争力的先进制造业基地、具有全球影响力的产业科技创新高地、具有独特魅力的国际文化旅游胜地和具有较强综合实力的国际化大城市做出贡献。

二、工作目标

建立健全全市上下联动、部门协作、条块结合、合力推进的工作机制，六大金融重点行动取得进展与成效；深化服务贸易创新发展试点中金融领域配套政策有效实施，新政策争取取得一定突破；力争金融服务贸易额逐年增长，服贸企业融资效能明显增强，金融成为全市服务贸易创新发展的重要驱动力量。

三、牵头单位与试点地区

牵头单位：市金融办、人民银行苏州市中心支行。
试点地区：苏州大市各市、区；重点地区为昆山市、工业园区、高新区。

四、行动内容

（一）深化外汇管理改革，推进投融资汇兑便利化

1. 有效推动外汇管理创新试点提质扩面。发挥试点政策效应，主动对接服贸企业

跨境投融资需求，进一步提升跨境人民币、跨国企业集团跨境人民币资金池及外汇资金集中运营、外债宏观审慎试点、外汇资本金意愿结汇等试点政策的覆盖面与运用效率。抢抓新政机遇，承接园区跨境人民币政策扩面全市、跨境融资管理宏观审慎管理推广等新政策，汇集政、金、企三方资源，降低服贸企业融资成本，打造本地特色化产业竞争优势。（责任单位：人民银行苏州市中心支行、市金融办、市财政局、市商务局）

2. 持续推进投融资汇兑便利化。促进对外融资便利化，利用全口径跨境融资宏观审慎管理等政策，鼓励苏州各类机构按规定从境外融入本外币资金。探索在苏企业在一定额度下资本项目可兑换，进一步提升外汇管理便利化水平。（责任单位：人民银行苏州市中心支行、市金融办、市财政局、市商务局）

（二）鼓励银行业机构创新产品服务，加大精准投放力度

1. 支持发展特色化服贸金融业务。鼓励银行业机构主动落地总部跨境金融服务，细分跨境业务类别，丰富产品线，鼓励开发结构性贸易融资产品，以及跨境支付、外汇交易、境外理财、海外并购贷款、国际保理、跨境银团、跨境投贷联动、股权质押跨境授信、资产托管、出口退税抵押贷款等创新服务，精准满足服贸企业跨境业务需求。（责任单位：苏州银保监分局、人民银行苏州市中心支行、市金融办、市商务局）

2. 争取创新业务资格。积极向银保监会争取苏州作为全国投贷联动业务试点地区，推动商业银行开展"投贷联动"业务，帮助服贸企业获得"债权+股权"的创新融资方式。发挥非银持牌机构专业的财富和投资管理职能，以差异化服务满足实体经济不同层次的需求，助推经济转型升级。（责任单位：苏州银保监分局、人民银行苏州市中心支行、市金融办、市商务局）

（三）深挖保险支持企业跨境业务潜力，提升创新服务水平

1. 提升跨境保险服务能力。增强保险公司增值服务能力，完善出口信用保险的事前控制和事后补偿机制，深度参与出口企业业务全过程的风险管理，降低企业损失，提升信用水平与融资能力。创新保险产品用于服务业发展，支持企业海外工厂、仓储、码头、售后服务及维修等设施建设，助力企业为海外买方提供研发服务，提升产业链附加值，抢占国际市场份额，提高产品竞争力。（责任单位：苏州银保监分局、市金融办、市商务局）

2. 支持为企业提供"走出去"的一揽子保险计划。鼓励保险机构深入研究企业跨境业务阶段与特点，研发提供具有针对性的一揽子保险计划，合理链接企业在建设期、运营期、产出销售期对人、财、物及各个环节的风险管理与融资需求。积极推进知识产权保险，化解企业知识产权风险，提高企业国际竞争力。（责任单位：苏州银保监分局、市金融办、市商务局、市知识产权局）

（四）用好资本市场工具，增强企业跨越发展能力

推动服贸企业充分利用资本市场。充分发挥政府在推动服贸企业股改、上市过程中的引导作用，建立有效的协调机制，加强对服贸企业利用资本市场的指导、协调、扶持和服务工作。进一步完善后备企业数据库系统，构筑可持续的上市挂牌后备企业梯队，持续关注科创板新动向，引导符合条件的服贸企业抢抓机遇。鼓励服贸企业按市场化原则做好利用资本市场工作，提升企业利用资本市场的能力，帮助企业借助资本市场的力量实施并购重组，实现资源优化整合与产业转型升级，提高企业法人治理水平，推动我市服贸企业实现高质量发展。（责任单位：市金融办、市商务局）

（五）培育发展基金产业，发挥对服务贸易的支撑作用

支持私募股权基金集聚发展。鼓励打造私募股权投资基金集聚区，发挥基金引导作用，以资本牵手项目，扶持服贸企业发展壮大，促进经济发展。支持基金小镇建设，推动园区东沙湖基金小镇、高新区金融小镇（太湖金谷）等省市级金融类特色小镇集聚发展。引导多类型基金在苏集聚，加强与境内外知名股权投资机构合作，吸引其在我市设立管理机构或业务总部，依法合规发起设立各类投资（基金）类企业，对接服贸企业多层次融资与财富管理需求。（责任单位：市金融办、市发改委、市商务局）

（六）实施《苏州市金融支持企业自主创新行动计划》，多元满足融资需求

1. 增强苏州综合金融服务平台服务效能。拓展苏州综合金融服务平台功能，提升企业征信系统服务水平，持续推动"自主创新金融支持中心"建设，建设苏州股权融资服务平台，拓宽服务贸易企业融资渠道，调动金融资源支持服务贸易企业创新发展。（责任单位：市金融办、市财政局、市商务局、人民银行苏州市中心支行、苏州银保监分局）

2. 不断加大银企对接力度。深挖服贸企业融资需求，搭建金融机构与企业合作共赢平台，充分运用苏州金融综合服务平台、企业征信系统等线上资源，结合线下对接会等形式，支持有条件的企业"走出去"开展跨境业务，不断提升企业国际市场竞争力。引导保险机构积极参与"信保贷"，为小微企业融资增信。（责任单位：苏州银保监分局、人民银行苏州市中心支行、市金融办、市商务局）

五、保障措施

（一）组织保障

由市金融办、人民银行苏州市中心支行共同牵头实施金融业服务贸易创新发展试点行动计划，完善市级各部门沟通合作机制，市发改委、市商务局、市财政局、市知识产

权局、苏州银保监分局等部门共同参与，加强对相关行业企业、金融机构等资源的组织协调；加强条块协作，完善市、区工作机制，形成市政府统一领导，市级各部门分工明确、协同配合、组织有序，市、区执行高效、反馈及时，各金融机构积极响应，沟通渠道畅通、监督管理无盲点、协调形成紧密衔接的工作格局。

（二）政策保障

营造良好的政策环境，按照国家金融改革指向，研究制定符合苏州市情的地方金融支持政策。充分发挥现有金融创新试点政策优势，加强与上级监管、主管部门的协调沟通，争取更多试点政策与牌照资源，助推金融机构和业务的高效增长，加大对服贸企业的精准投放力度。

（三）资金保障

有效发挥财政资金的引导作用与杠杆效应，加大财政支持力度，探索创建各类针对性强的产业引导基金和风险补偿资金，帮助服贸企业、中小微企业拓展海外市场、跨境业务，实现转型发展。

苏州市深化服务外包产业创新发展试点行动计划（2018—2020 年）

为深入贯彻习近平新时代中国特色社会主义思想和党的十九大精神，全面落实习近平总书记系列重要讲话精神，进一步加快苏州服务外包示范城市建设步伐，全面提升服务外包产业发展能级，实现由外包大市向外包强市的转变，特结合苏州实际，制订《苏州市深化服务外包产业创新发展试点行动计划（2018—2020 年）》。

一、工作思路

高举习近平新时代中国特色社会主义思想伟大旗帜，深入贯彻党的十九大精神和习近平总书记视察江苏重要讲话精神，以高质量发展为导向，做强工业设计、生物医药研发、软件研发、信息技术服务等四大优势业态，拓展动漫网游设计研发、检验检测等新兴产业发展空间，进一步提升服务外包国际竞争力，全面推动苏州市服务外包转型升级，实现新突破。

二、工作目标

经过三年努力，到2020 年，苏州市服务外包产业要在高平台上实现产业的高质量提升发展。一是规模稳定发展。全市服务外包离岸执行额达到50 亿美元，占全国规模的5%左右，保持在全国服务外包示范城市前列。二是业态高端发展。代表高端服务外包的KPO 领域离岸执行额占比保持在五成以上。三是企业壮大发展。离岸执行额2 000万美元以上的服务外包企业超过100 家，三年累计取得各类国际认证达到100 个左右。四是园区集聚发展。全市服务外包产业园区总建筑面积保持在700 万平方米以上。五是人员扩大发展。服务外包从业人员数量累计达到30 万人以上，三年累计新增培训实用人才4 万人，三年累计新增吸收大学生就业6 万人（根据市人社局统计数据测算）。六是业务国际化发展。推动100 家以上企业参加20 个境外服务外包专业展会，企业新设立境外接包中心5 个。七是品牌深入发展。打造苏州市服务外包品牌，扩大"中国服务·苏州创新"品牌的国际知名度。

三、牵头单位与试点地区

牵头单位：苏州市商务局。

试点地区：姑苏区、工业园区、高新区、吴中区、相城区、吴江区、常熟市、张家港市、昆山市、太仓市。

四、行动内容

（一）加快打造服务外包产业集群

1. 加快生物医药研发产业集聚。构建从早期药物发现、研发、中试到生产等各环节的生物医药完整产业链；打造以信达、药明康德新药、诺华制药、中美冠科等企业为代表的创新药物产业集群；以贝克曼、浩欧博等企业为代表的新型高端医疗器械产业集群；以金唯智等企业为代表的生物技术产业集群；形成技术领先、特色鲜明并具有较大国际影响力的生物医药研发产业集群。（责任部门：市科技局、市经信委、商务局、市食药监局、各试点地区）

2. 加快昆山花桥金融BPO产业提升。支持华拓数据、法国凯捷、柯莱特科技、颠峰软件、华道数据、万国数据、远洋数据等金融服务外包供应商加快发展，构建完整的金融服务外包产业链，提升外包执行能力和接包层次，形成"金融上海、后台花桥"产业格局，打造具有国际影响力的金融服务外包承接地。（责任部门：市商务局、市金融办、昆山市政府）

3. 加快检测服务业离岸业务发展。支持苏州电器科学研究院、中认英泰（苏州）检测、江苏省医疗器械检验所、欧陆分析技术服务、江苏中正检测等企业发展壮大，重点发展高低压电器检测、电气安全检测、太阳能光伏系统检测、汽车电子电器产品检测、医疗器械检验检测、能效检测、消费品有毒有害物质检测、食品检测、化妆品检测等门类，加快形成具有国际影响力的专业检测服务产业集群。（责任部门：市质监局、苏州海关、各试点地区）

（二）推动 KPO 企业设计研发水平向高端化发展

1. 强化制造业企业的国际设计能力。鼓励制造业企业设立工业设计中心，引导企业不断强化设计中心建设，努力争创更多国家级、省级设计示范。在培育拥有完全自主知识产权的工业设计基础上，引导设计企业由单纯的外观设计、产品设计向设计一体化解决方案的综合设计服务转变。推动产业与设计融合，搭建设计展示平台，全力提升苏

州设计的国际影响力。(责任部门：市经信委、市商务局、各试点地区)

2. 加强制造业应用软件开发，向客户提供全方位的技术解决方案、研发设计和咨询服务。主动融入智能制造，以 MES（制造业生产过程执行系统）为中心重点发展与智能制造、企业生产全过程有关的软件开发。为制造业企业实现信息化转型发展提供技术服务，为"苏州制造"向"苏州创造"转变提供智力和软件支撑，推动制造业向价值链高端不断攀升。(责任部门：市经信委、市科技局、市商务局、各试点地区)

(三) 拓展服务外包新兴业态发展空间

1. 继续吸引跨国公司财务会计、人力资源、市场营销等流程业务的共享服务中心落户我市，使之成为服务外包领域的独优产业。支持举办"共享服务与外包苏州高峰论坛"，扩大苏州共享服务中心的知名度。加快发展共享服务中心，增强跨国公司的辐射效应，扩大服务外包业务规模。(责任部门：市商务局、各试点地区)

2. 突破传统产业模式，抢抓"互联网+文化产业"发展机遇。支持蓝海彤翔、蜗牛数字科技等企业加大传统文化产业与互联网的创新融合，形成外包产业发展新的增长极。(责任部门：市文广新局、各试点地区)

3. 聚焦新兴业态亮点，着力发展手游、电竞产业。支持太仓市以苏州游视网络公司为支撑，逐步形成电竞产业链集聚效应，推动电竞产业发展。支持昆山花桥打造手游产业集群，把昆山花桥建设成为中国顶尖的手游区域之一。(责任部门：市文广新局、太仓市政府、昆山市政府)

(四) 加快打造服务外包各类独立研发机构

1. 着力提升产业科技创新能力。聚焦新一代信息技术、纳米技术、人工智能等重点领域，实施产业关键技术攻关工程，力争获取一批引领未来产业发展的关键核心技术，积极抢占发展制高点。支持在人工智能、先进材料等领域争创国家技术创新中心。培育壮大创新型企业集群，开展科技型中小企业评价，推动中小科技企业加速成长为高新技术企业。(责任部门：市经信委、市科技局、市商务局、各试点地区)

2. 加快引进跨国公司研发中心。重点引进以生物医药、软件设计、汽车、新能源等离岸服务外包为主的研发中心，吸引跨国公司、海外学术和科研机构在我市建设类似微软苏州研发中心和西门子中国研究院苏州院的研发中心和创新中心，支持本地主体与跨国公司以项目为纽带建立技术战略联盟。助推苏州制造业转型升级、增量提质。(责任部门：市经信委、市科技局、市商务局、各试点地区)

3. 开展对服务外包独立研发机构的认定工作。认定一批市级服务外包独立研发机构，每年在市级服务外包扶持资金中给予支持。(责任部门：市经信委、市科技局、市商务局、各试点地区)

(五) 推动企业深化国际交流合作

1. 积极开展服务外包领域的国际交流合作。支持"走出去"企业发展服务外包业务，积极拓宽我市服务外包企业承接离岸业务的渠道，鼓励企业在海外设立分支机构、接包中心。鼓励服务外包企业与外国公司、机构开展联合接包，不断提升苏州企业国际接包能力。（责任部门：市商务局、各试点地区）

2. 鼓励企业通过离岸接包等手段巩固与欧美的业务，深化与香港、台湾、新加坡、日本、韩国等国家和地区合作，加强与印度、俄罗斯、墨西哥、巴西等新兴经济体合作。密切与"一带一路"沿线国家和地区的联系，构建服务外包多元化国际市场新格局。（责任部门：市商务局、各试点地区）

3. 鼓励企业参加商务部、省商务厅组织的 Gartner 信息技术外包展会和美国生物技术大会等国际知名外包专业展会，支持企业会展结合，参与更多的专业国际论坛活动，提升苏州服务外包优势业态的国际竞争力。（责任部门：市商务局、各试点地区）

(六) 加快建设外包人才培育体系

1. 加大对服务外包创新型人才、领军型人才的吸引力度。重点引进生物医药研发、软件工程师、系统架构师、金融服务、物流与供应链管理等紧缺型行业人才。（责任部门：市人社局、市商务局、市科技局、各试点地区）

2. 以人才需求为导向，调整优化在苏高校及职业院校服务外包专业和人才结构。依照服务外包人才相关标准组织实施教学活动，进行课程体系设置改革试点。2020 年，获批江苏省高等学校服务外包类专业嵌入式人才培养项目超过 20 项。（责任部门：市教育局、市商务局、各试点地区）

3. 鼓励在苏高校及职业院校和企业积极开展互动式人才培养，共建实践教育基地。加强院校教师与企业资深工程师的双向交流。鼓励在苏高校及职业院校与国际知名外包企业联合培养服务外包人才。（责任部门：市教育局、市商务局、各试点地区）

4. 强化对市级培训基地的培育，三年累计新认定 20 家苏州市服务外包人才培训基地，对新增的基地在市级服务外包扶持资金中给予支持。（责任部门：市教育局、市商务局、各试点地区）

(七) 加强金融政策的扶持力度

1. 加大对服务外包企业开拓国际市场、开展境外并购等业务的支持力度，加强服务外包重点项目建设。（责任部门：市商务局、人民银行苏州市中心支行、各试点地区）

2. 拓宽服务外包企业投融资渠道。引导融资担保机构加强对服务外包中小企业的融资担保服务。支持符合条件的服务外包企业进入多层次资本市场进行融资。（责任部门：市金融办、市发改委、市商务局、人民银行苏州市中心支行、各试点地区）

3. 积极争取国家服务贸易创新发展引导基金。鼓励和指导我市企业按照《服务外包产业重点发展领域指导目录》中的重点领域申报项目，积极争取国家级基金对我市外包产业的项目支持。（责任部门：市商务局、各试点地区）

（八）提升法治营商环境建设水平

1. 在印发、实施《苏州市知识产权运营服务体系建设实施方案》《姑苏知识产权人才计划实施细则》的基础上，加快《苏州市促进知识产权运营实施办法》《苏州市知识产权质押贷款管理办法》《苏州市级知识产权质押贷款扶持管理办法》《苏州市扶持知识产权服务业快速健康发展若干政策措施》等系列政策性文件的出台，形成全方位、立体化的知识产权运营政策支持体系。（责任部门：市知识产权局、各试点地区）

2. 依据现行法律法规，加大服务外包领域版权、专利、商标等知识产权的执法监管力度。推动建立服务外包企业信用记录和信用评价体系，惩戒失信，打击欺诈。健全相关的配套政策，鼓励服务外包企业自主创新，积极申请国内外专利、商标。（责任部门：市知识产权局、各试点地区）

（九）深化提升海关对产业发展的推动力

1. 探索对海关特殊监管区外企业开展各类离岸服务外包业务适用保税监管模式，包括企业接受国外客户委托而从事的研发、设计、测试、医药临床试验等所有服务形式，促进生物、医药、纳米、云计算等新兴业态发展。（责任部门：苏州海关、市商务局、各试点地区）

2. 以苏州工业园区等地开展贸易多元化和境内外维修业务试点、综保区开展一般纳税人资格试点为契机，吸引全球维修中心、检测中心、分拨配送中心等功能性机构，大力发展维修、检测和物流等服务外包业务。（责任部门：苏州海关、工业园区管委会）

3. 进一步完善海关、地方政府、第三方（评估专家、检测机构）共同参与的风险评估机制，发展相关能力，为大批量高风险的生物材料提供可入境的途径。（责任部门：苏州海关、各试点地区）

4. 进一步扩大苏州工业园区特殊物品风险评估相关政策的覆盖面，争取扩大到苏州大市范围。（责任部门：苏州海关、各试点地区）

五、保障措施

（一）进一步完善政策支撑体系建设

1. 积极向商务部等部门争取新的服务外包示范城市优惠政策，争取放宽技术先进型服务企业认定标准，降低服务外包企业增值税率。（责任部门：市商务局）

2. 积极争取国家科技计划（专项、基金等）支持，助力企业开展集成设计、综合解决方案及相关技术项目等研发，推动服务外包企业提升研发创新水平。（责任部门：市科技局、各试点地区）

3. 进一步扩大和提升全市对服务外包产业的扶持范围和支持力度，推动各地区建立省级服务外包资金的实施细则和完善本地区的服务外包专项资金扶持政策。（责任部门：各市、区商务和财政部门，各试点地区）

4. 贯彻落实《苏州市政府向社会购买服务实施细则》。推动政府部门将可外包业务委托给专业服务企业，不断拓宽购买服务领域。鼓励金融机构将非核心业务外包，积极推进金融服务外包业务发展。（责任部门：人民银行苏州市中心支行、市商务局、各试点地区）

5. 积极落实对技术先进型服务企业减按15%税率缴纳企业所得税和职工教育经费不超过工资薪金总额8%部分税前扣除的税收优惠政策。对于企业符合条件的研发费用，在计算应纳税所得额时加计扣除。积极落实离岸服务外包退（免）税政策。（责任部门：市税务局、各试点地区）

6. 加大对各地区、企业获得资金后的绩效管理，制定国家级服务外包平台资金、省级服务外包资金、市级服务外包资金的绩效考核目标，督促各地区和企业定期完成资金绩效总结，定期自查、自评。（责任部门：市财政局、市商务局、各试点地区）

7. 研究制定市级外包政策新模式，积极探索采用服务外包引导资金的模式，从宏观产业政策引导入手，以第三方实施为主，有效支持全市服务外包产业健康发展，提升政策引导作用和资金使用绩效。（责任部门：市财政局、市商务局、各试点地区）

（二）进一步完善服务便利化体系建设

1. 积极推动海关对承接国际服务外包业务所需样机、样本、试剂等的审批程序进行简化。实施企业分类管理、产品分级监管，提供通关便利。（责任部门：苏州海关、市商务局、各试点地区）

2. 加强药品进口口岸检验能力建设，及时高效做好药品进口检验、备案和通关工作。充分发挥药品进口口岸功能技术平台优势，推动全市生物医药研发产业快速健康发

展。(责任部门:市食药监局、市商务局、苏州海关、各试点地区)

3. 助推生物医药企业国外新药申报,量身定做出口绿色通道,全力扶持苏州成为生物医药的"硅谷"。(责任部门:市食药监局、苏州海关、各试点地区)

4. 加快落实外汇管理便利化措施。积极支持我市具备条件的服务外包企业申请参与服务外包境外投资外汇管理改革试点。鼓励在跨境贸易和投资中使用人民币结算。(责任部门:人民银行苏州市中心支行、市商务局、各试点地区)

5. 为从事国际服务外包业务的外籍中高端管理和技术人员提供出入境和居留便利。(责任部门:市公安局、市外办、市人社局、市商务局、苏州海关、各试点地区)

6. 提高国际通信服务水平,支持基础电信运营商为服务外包企业网络接入和国际线路租赁提供便利。(责任部门:市经信委、各试点地区)

(三)进一步完善考核评估体系建设

1. 开展全市各级服务外包示范园区、服务外包产业园区的评估、考核。逐步建立一套完整的认定、考核、评估体系,形成服务外包园区动态考评机制,激励服务外包园区不断创新发展,起到引领示范作用。(责任部门:市商务局、各试点地区)

2. 完善服务外包信息数据采集工作,进一步调动企业主动上报服务外包业务的积极性。加强服务外包统计信息系统建设,拓宽填报服务外包统计数据的企业面,力争做到应统尽统。建立各有关部门服务外包统计信息共享机制,及时向各地区、有关部门发布服务外包统计数据信息。(责任部门:市商务局、各试点地区)

3. 积极创新外包出口收汇评估体系。在下达服务外包接包合同额、离岸合同执行额指导性目标基础上,增加服务外包出口收汇统计,通过每月与业务数据对比分析,指导各地方部门督促已有服务贸易收汇的服务外包企业申报服务外包合同额和离岸执行额。推动全市服务外包出口收汇,提升服务外包产业的效益贡献度。(责任部门:市商务局、各试点地区)

苏州市深化知识产权服务贸易创新发展试点行动计划
（2018—2020年）

根据《苏州市深化服务贸易创新发展试点实施方案》的总体要求，为推动苏州市知识产权服务贸易创新发展，特制订本行动计划。

一、工作思路

围绕知识产权强市建设和苏州市知识产权运营服务体系建设，进一步加强知识产权创造、运用、保护、管理和服务，打通知识产权供给链，激活知识产权创新链，鼓励知识产权"走出去、引进来"，加快推进知识产权的许可转让、代理、法律、信息、运营等服务贸易的发展，有效增强知识产权工作的能动性与协同性，促进苏州创新驱动发展和经济转型升级。

二、工作目标

进一步完善知识产权服务贸易的政策体系，强化有利于促进知识产权服务贸易发展的支撑体系；扩大知识产权服务贸易对外开放与合作，培育活跃的知识产权服务贸易主体，引导加大知识产权创造投入；建立知识产权运营体系，建设统一高效的知识产权运营交易平台，完善综合全面的知识产权金融服务模式；知识产权服务贸易快速发展，服务贸易额年增长10%以上。

三、牵头单位及试点地区

牵头单位：市知识产权局。
试点地区：昆山市、工业园区、高新区、姑苏区。

四、行动内容

（一）进一步完善知识产权服务贸易机制体制

1. 完善知识产权服务贸易政策体系。强化政策导向，优化整合、统筹配置政策资金，不断完善以企业为主体、政府为引导、社会化多元参与的知识产权投入体系。围绕知识产权服务贸易环节，完善知识产权服务贸易发展政策，加强对本土自主知识产权企业出口环节的保护，加大对企业海外知识产权布局、知识产权许可交易的扶持力度，加大PCT申请和商标国际注册的支持力度，推动国外优秀知识产权来苏转化运用，鼓励知识产权向外许可交易，引导支持对本地知识产权服务机构开展知识产权运营和国际业务。（责任单位：市知识产权局、市工商局、市财政局、市商务局、市科技局、市文广新局、市经信委、各试点地区）

2. 强化知识产权服务贸易支撑体系。积极推行知识产权服务质量管理规范，开展服务机构分级评价和信用评定活动，规范知识产权服务市场。建立市、区两级涵盖所有试点行业的重点企业库和知识产权服务机构库，制定联系制度，开展跟踪服务，实施动态管理。引入专家指导服务机制，建立行业发展专家库，对行业、企业发展进行针对性指导服务。（责任单位：市商务局、市知识产权局、市统计局、市科技局、市文广新局、市工商局、市经信委、各试点地区）

（二）进一步扩大知识产权服务贸易对外开放与合作

1. 深化知识产权服务贸易对外开放。根据国家服务贸易有关目录，针对性地调整相关政策措施，加大支持力度，积极鼓励专利、版权、商标服务的出口。加强国际参展的宣传工作，鼓励企业参加国际服务贸易重点展会，提升知识产权运用水平，更好地实现知识产权价值。有针对性地强化与美国、英国、欧盟、新加坡和中国台湾等国家和地区的合作，探索建立知识产权特派员制度，帮助苏州"走出去"企业更好地了解所在国或地区的知识产权制度。鼓励有条件的知识产权服务机构与境外知识产权机构建立高层次合作联盟，提高国际业务能力。鼓励知识产权服务机构开发服务新产品、发展服务新业态，开拓国际市场。（责任单位：市知识产权局、市商务局、市工商局、市科技局、市文广新局、各试点地区）

2. 集聚知识产权服务贸易国际资源。以全球化视野，拓展与知识产权国际组织、发达国家和地区知识产权工作机构的交流与合作的空间，搭建平台，构建机制，提升知识产权工作国际化水平，让外国的机构和企业更好地认知苏州。吸引外的优质知识产权来苏商业化，提升产业国际化程度。鼓励国（境）外的知识产权机构、知识产权人才来苏创业、来苏服务，提升知识产权服务国际化的层次，加快知识产权服务贸易发展。（责任单位：市知识产权局、市商务局、市工商局、市科技局、市文广新局、各试点地区）

3. 强化知识产权服务贸易海外战略布局。建立海外重要贸易伙伴、"一带一路"国家与地区知识产权信息发布制度，宣传解读海外知识产权制度与环境，协助企业及时解决"走出去"知识产权问题。鼓励企业加强海外专利申请和商标注册，积累知识产权海外资产，加快融入国际知识产权保护体系，不断提升国际竞争实力。协助企业解决美国"337"调查、国际知识产权诉讼、仲裁等国际知识产权纠纷。（责任单位：市知识产权局、市工商局、市商务局、市科技局、市文广新局、市经信委、市发改委、各试点地区）

（三）进一步培育知识产权服务贸易市场主体

1. 提升市场主体知识产权服务贸易能力。引导市场主体重视知识产权工作，全面提高高新技术企业、规模以上工业企业知识产权创造和运用能力。开展企业知识产权登峰行动计划、知识产权密集型企业培育计划和版权示范企业培育计划，提高企业知识产权意识，提升知识产权资产比重，鼓励企业探索知识产权投入的多元化途径。鼓励企业利用知识产权信息指导研发工作，开展专利布局。鼓励企业与高等院校、科研院所等合作，开展联合研发工作，攻关核心技术，培育一批高价值专利和专利组合。支持市场主体引进国外优秀知识产权来苏转化运用，提升国际市场竞争力。（责任单位：市知识产权局、市科技局、市文广新局、市经信委、各试点地区）

2. 培育知识产权服务贸易品牌机构。引导知识产权服务机构增强品牌意识，着力创建、开发和运营品牌，形成一批国内外有影响力的服务品牌。支持知识产权服务机构采用联合经营、市场融资等方式发展壮大，培育一批营业收入超亿元的知识产权服务企业，促进知识产权服务业规模化发展。鼓励知识产权服务机构与企业开展协同创新，提供针对性服务。鼓励和引导服务机构开展战略策划、大数据加工、增值运营、托管、融资、保险等高端业务。大力引进国外优秀知识产权服务机构来苏设立机构，支持和鼓励国外高水平知识产权服务机构将总部转移至苏州。（责任单位：市知识产权局、市工商局、市科技局、市文广新局、各试点地区）

（四）进一步推动知识产权运营服务体系建设

1. 推进知识产权服务业集聚区发展。支持苏州国家知识产权服务业集聚发展示范区加快发展，集聚一批高端知识产权服务机构，形成以品牌、知识产权服务企业为引领的知识产权服务业集聚群。完善知识产权价值分析、认证评估、金融服务、法律服务、调解仲裁、跨境服务等专业服务模式。（责任单位：市知识产权局、市工商局、市发改

委、市财政局、市科技局、市文广新局、各试点地区）

2. 推进知识产权运营平台建设。继续推进江苏国际知识产权运营交易中心的建设运营，大力开展知识产权运营交易服务，优化知识产权许可、转让、评估、出资入股、质押登记等业务规则与程序，打造成在国内外有影响力的专业化知识产权综合运营交易平台。加快推动集专利、商标、版权、标准、科技文献等于一体的"五库一平台"知识产权基础信息公共服务平台的完善和使用，为企业和知识产权服务机构提供专业化知识产权信息服务。运营网上"知识产权服务超市"，探索知识产权服务电子商务模式，为企业和服务机构架起便捷畅通的服务桥梁。同时，鼓励社会资本投入知识产权运营，促进知识产权服务贸易发展。（责任单位：市知识产权局、市工商局、市发改委、市财政局、市科技局、市文广新局、各试点地区）

3. 建设产业知识产权运营中心。重点在纳米、医疗器械、高端装备、生物医药、人工智能、新一代信息电子、新能源、新材料等高度依赖创新、依赖知识产权的新兴产业和冶金、纺织、化工、光电缆等亟须转型升级的传统产业以及核心版权产业中探索建立产业知识产权运营中心，开展产业专利导航研究分析，明确产业创新发展方向、产业创新资源分布、产业创新发展路径，建立产业发展联盟，构建产业专利池，形成产业发展的新路径与新优势。（责任单位：市知识产权局、市工商局、市财政局、市科技局、市文广新局、各试点地区）

（五）进一步提升知识产权服务贸易保障水平

1. 构建知识产权服务贸易大保护格局。加快建设涵盖商标、专利、版权等全领域的知识产权大保护格局，建立贯穿行政、司法、仲裁的知识产权大保护工作机制，构建企业维权、横向协作、纵向联动、区域合作、社会参与的知识产权大保护体系，建设维权援助、预警分析、失信惩戒的知识产权大保护服务体系。加快建设中国（苏州）知识产权保护中心。完善知识产权市场治理机制，不断创新监管模式，构建公平竞争的创新创业和营商环境。（责任单位：市知识产权局、市工商局、市中级人民法院、市检察院、市公安局、市司法局、各试点地区等）

2. 强化知识产权服务贸易维权工作。加强知识产权维权援助机构建设，全市各市、区实现知识产权维权援助工作机制全覆盖。加大知识产权举报投诉奖励制度的宣传力度，拓展"12330"维权热线的社会影响力。建设知识产权海外预警平台，发布海外知识产权法律制度及预警动态信息，推动企业加强海外预警分析、海关备案等工作，为企业"走出去"提供决策建议。（责任单位：市知识产权局、市工商局、市商务局、市科技局、市文广新局、各试点地区）

3. 加强知识产权服务贸易人才支撑。实施姑苏知识产权人才计划，重点加强知识产权服务贸易人才的引进和培育，对来苏州工作的海内外高端知识产权人才给予安家补贴，对有突出贡献的知识产权人才进行奖励。建立知识产权优秀人才数据库，实施动态管理。健全境外知识产权人才交流机制，推动人才优化配置，畅通外籍知识产权人才来华创新创业渠道。（责任单位：市人才办、市知识产权局、市人社局、市工商局、各试点地区）

4. 加大知识产权服务贸易金融支持。发挥苏州市知识产权运营引导基金作用，引导社会化的知识产权运营基金、知识产权产业化项目、产业专利池的构建和专业知识产权运营机构发展。完善知识产权质押贷款扶持政策，畅通企业的融资渠道，降低融资成本。鼓励金融机构开展知识产权质押融资、保险等工作，鼓励企业通过购买保险防范和转移知识产权风险。（责任单位：市知识产权局、市财政局、市工商局、市商务局、市金融办、人民银行苏州市中心支行、苏州银保监分局、市发改委、市科技局、市文广新局、各试点地区）

五、保障措施

（一）加强组织领导

由市知识产权局牵头实施知识产权服务贸易创新发展试点行动计划，完善市级各部门沟通合作机制，市工商局、市商务局、市财政局、市科技局、市发改委、市经信委等部门共同参与，加强对相关企业、知识产权服务机构等资源的组织协调；加强条块协作，完善市、区工作机制，形成市政府统一领导，市级各部门协同配合，市、区执行高效，沟通渠道畅通、监督管理无盲点、协调形成紧密衔接的工作格局。

（二）完善政策保障

强化政策导向，完善知识产权服务贸易的政策支持体系，重点促进知识产权优质创造、有效运用和依法保护，引导企业加大知识产权创造、运用、保护、管理等投入力度，不断完善以企业为主体、政府为引导、社会化多元参与的知识产权投入体系。

（三）加强金融服务

重点推进定向设计的、有利于苏州市服务贸易创新发展的金融产品创新。积极为中小服务贸易企业拓宽融资渠道，解决融资难问题；为企业拓展国际市场提供金融保险服务。

（四）加强财政支持

加大地方财政对服务贸易创新发展的支持力度，重点支持各类公共服务平台建设，支持服务贸易出口基地建设，支持企业"走出去"拓展国际市场，支持重点服务进出口。积极与国家服务贸易发展专项基金对接，为重点服务贸易项目建设引进基金支持。

苏州市深化国际维修和维护服务贸易
创新发展试点行动计划
（2018—2020年）

一、工作思路

以习近平新时代中国特色社会主义思想为指导，全面贯彻党的十九大和十九届二中、三中全会精神，为加快实施习近平总书记提出的对外开放新战略，落实国务院《关于同意深化服务贸易创新发展试点的批复》（国函〔2018〕79号）的要求，有序深入推进试点各项任务的实施，根据商务部《深化服务贸易创新发展试点总体方案》和《苏州市深化服务贸易创新发展试点实施方案》，在前两年试点工作的基础上，结合开放型经济高质量发展和苏州加工贸易转型升级的要求，制订本方案。

二、工作目标

立足苏州制造业基础，以"高技术含量、高附加值、无污染"为基本准则，在严格执行国家进出口政策和有效控制环境风险的前提下，加强部门合作，形成合力，继续积极向上争取不区分自产产品和非自产产品的覆盖面更宽泛的国际维修和维护业务在我市先行先试，加快吸引更多跨国公司全球维修中心落户我市。积极实施国际维修维护"走出去"战略，加强推动苏州本土自主品牌企业在境外设立维修中心或授权第三方开展维修服务。至2020年年底，力争国际维修和维护服务出口额保持稳定增长，深入推进"苏州国家高新技术产品全球维修检验检疫示范区"建设，将苏州打造成国内外领先的国际维修和维护服务先进城市。

三、牵头单位及试点地区

牵头单位：市商务局。
试点地区：张家港市、常熟市、太仓市、昆山市、吴江区、工业园区、高新区。

四、行动内容

(一) 探索健全管理监管模式

1. 探索监管模式改革创新。持续积极探索国际维修维护监管模式的创新，健全优化"六个一"全球维修监管模式（即创建一个全过程监管机制，建立一套企业维修管理制度，制定一套企业维修流程，开发一个信息化管理系统，探索一套差别化管理模式，构建一个质量共治合作机制），规范企业运作、强化监管、简化手续、优化服务。通过开设保税服务账册，实施有别于保税加工业务的监管制度，推动苏州建设高新技术产业全球研发、监测和维修中心。在实施过程中总结经验，逐步形成我市行之有效的监管创新模式。加强对试点政策落实情况的跟踪，及时分析问题、解决问题，支持企业提升国际维修检测能力，保证国际维修维护试点政策在苏州有效落实。（责任单位：苏州各海关、市商务局、市环保局、各试点地区）

2. 加强对维修货物的全过程监管。不断学习借鉴上海等自贸试验区全球维修业务海关监管的成功经验，坚持在保证维修货物"原进原出"的基础上，做好从境外入区、经维修后出境的维修货物保税监管工作。继续加强对全球维修业务检验监管的风险分析，健全产品风险评估、企业能力评估、境外预检、到货检验、后续监管等全过程风险管理机制，优化对全球维修产品采取"全数核查、全过程监控、全数复出口"的"三全"监管方式。（责任单位：苏州各海关、市商务局、市环保局、各试点地区）

3. 创新维修业务检验监管模式。积极引导维修企业建立"四专一严"的管理制度，即建立专门的维修车间、专门的存储仓库、专业的维修队伍、专门的核销台账和严格的管理制度，确保全球维修产业向"高技术含量、高附加值、无环境污染"的方向发展。进一步规范维修企业制定一套统一的维修流程，包括维修产品入库、开箱验收、维修前测试等全部环节，并对维修过程的每一道工序制定严格的作业流程。优化健全维修企业差别化管理新模式，对通过能力评估的维修企业，在对维修产品风险评估的基础上，结合维修企业的信用情况，可对维修产品免于实施装运前检验。（责任单位：苏州各海关、市商务局、各试点地区）

4. 有效实施维修业务环境风险全过程防控。继续严格开展对国际维修和维护业务的环评、环保审批工作，加强环境风险的事中事后监管。按照《固体废物进口管理办法》等相关规定，监督企业将维修产品替换下来的旧件、坏件原则上应全部退运出境，切实防控环境风险。（责任单位：市环保局、市商务局、苏州各海关、各试点地区）

（二）积极争取实现全球维修业务全覆盖

1. 加快实现业务类别全覆盖。保税维修试点初期仅限于企业、集团内自产产品的检测维修业务。要针对非中国制造的境外产品维修业务的准入问题，探索有效的解决方案，并视情况积极向上争取扩大试点企业规模和行业类别，积极落实商务部2018年第7号令，推动《禁止进口货物目录》中的旧机电产品在符合环保、安全的情况下，经批准后，允许进境维修并复出口工作落地生效。各相关部门应加强协调，针对企业在试点过程中反馈的问题，共同商榷解决办法。（责任单位：市商务局、市环保局、苏州各海关、各试点地区）

2. 统筹规划逐步放开全球维修业务。以稳步推进试点、有效控制风险为前提，各相关部门积极向上争取，率先推动海关特殊监管区内全球维修业务按行业、企业有计划地放开，最终实现全部放开。探索设立海关特殊监管区内维修产业的准入机制，设定开展维修产品（如旧机电产品）的底线标准。对海关特殊监管区域外的维修业务，优先给资信良好、经营管理规范的企业，各相关部门应积极帮助其向上争取开展相关维修业务试点。积极争取相关部门简化维修业务的备案（审批）流程和适当放宽关于维修替换的旧件、坏件全部退运出境的规定。（责任单位：市商务局、市环保局、苏州各海关、各试点地区）

3. 加强国际合作和交流。进一步挖掘国际维修和维护产业链延伸潜力，推动国内制造维修主体和国外高端维修公司多元合作，支持本土品牌企业在充分了解境外第三方维修服务市场后，选择规模大、信用度高、专业能力强、服务规范的第三方维修服务公司进行合作。加快推进国际维修维护"走出去"，鼓励自主品牌企业在境外设立售后服务或维修网点。（责任单位：市商务局、市外管局、各试点地区）

（三）打造国际维修和维护服务先进城市

1. 抢抓先行先试机遇。依托我市服务贸易创新发展试点、加工贸易转型升级试点、工业园区开展开放创新综合试验、昆山深化两岸产业合作试验等国家级创新发展平台，集成各类先行先试政策优势，尤其是在服务贸易创新发展试点和加工贸易转型升级试点中突出国际维修和维护业务的政策优势，力求在国际维修和维护业务创新发展模式上获得重大突破，为国际维修和维护业务加快发展营造良好的政策环境。（责任单位：市商务局、市环保局、苏州各海关、各试点地区）

2. 推进试点企业创新发展。积极向上争取国家相关部委下放试点企业资质审批权限。加快吸引跨国公司、科研机构等在我市设立国际维修和维护中心，支持有条件的外资企业就地设立检测维修维护中心。重点支持昆山研华科技、高新区克诺尔车辆、工业园区飞利浦医疗等试点企业不断创新，探索可复制、可推广的试点经验。加强对名硕电脑、中怡科技、世硕电子等20余家企业的辅导，积极争取符合条件的后备企业尽早开展试点。通过重点企业示范带动和后备企业辅导，吸引更多的本市企业开展国际维修和维护业务。（责任单位：市商务局、市环保局、苏州各海关、各试点地区）

3. 加快建设一批合规企业。倡导企业自律，促进产业规范，鼓励企业积极参与相关国际、国家、行业和团体标准的制定，完善质量服务体系和质量监管体系。强化企业质量主体责任，推进质量认证、产品鉴定、检验检测等体系建设，确保各类维修业务向"高技术含量、高附加值、无环境污染"的方向发展，推进国际维修和维护服务向中高端跃升。（责任单位：市质监局、市商务局、市环保局、苏州各海关、各试点地区）

4. 加强维修人才队伍建设。引导本地制造工厂与跨国公司建立检测维修技术战略联盟，开展国际维修和维护技术合作。加快引进各类国内外专业检测维修人才，加强各类高技能检测维修人才的培养、培训，为我市国际维修和维护业务加快发展做好人才储备。（责任单位：市人社局、市商务局、各试点地区）

5. 建全服务与监管协调统一机制。以促进国际维修和维护业务加快发展为导向，在有效监管的前提下，以已形成的"政府高度重视、各部门齐抓共管、行业自律"的良好格局为基础，深入优化与促进国际维修和维护业务相适应的服务和监管体系，保障国际维修和维护业务健康、有序、可持续地发展。加强各部门的沟通协调，着重对维修品和维修企业的准入评估，弱化对批次维修品的审批。（责任单位：市商务局、市环保局、苏州各海关、各试点地区）

五、保障措施

（一）加强组织推进

各相关部门加强合作，建立联动推进工作机制，服务好企业的创新发展。在服务贸易创新发展试点领导小组的统一协调下，加大对相关领域重点难点问题的协调，积极争取国际维修和维护业务在我市先行先试。充分发挥国际维修和维护试点企业主体作用，按照"稳步推进、风险可控、操作便利"的工作思路，分步骤、分层级有序推进国际维修和维护业务试点，确保各项推进工作和创新任务落到实处。（责任单位：市商务局、苏州各海关、市环保局、各试点地区）

（二）注重宣传引导

在积极稳妥做好国际维修和维护业务推进工作的同时，通过报纸、网络、电台等媒体加大对我市开展国际维修和维护业务政策争取、推进成效的宣传工作，吸引更多具备条件的外商投资企业、内资企业从事国际维修和维护业务。积极打造一批高技术含量、高附加值、无污染的国际维修和维护示范企业和示范区，充分发挥示范企业的引领作用，保持我市高端制造企业国际维修和维护服务快速健康发展。（责任单位：市商务局、苏州各海关、市环保局、各试点地区）

（三）健全监管平台

相关部门各司其职，加快建立国际维修和维护业务事前备案、事中事后监管的联网信息平台，做到信息共享、齐抓共治、联合监管、优化服务，形成规范高效的国际维修维护服务监管合作机制，为国际维修和维护服务贸易发展创造良好环境。加大跨国公司总部和苏州本土制造企业之间国际维修和维护业务的多元合作，全力打造国际维修维护、检验测试等公共技术服务平台。（责任单位：市商务局、苏州各海关、市环保局、各试点地区）

（四）构建诚信机制

建立企业信用动态评价、守信褒奖和失信惩戒机制，推行国际维修维护服务企业经营异常名录、失信企业"黑名单"制度，引导企业履行社会责任，广泛开展信用审查，提升企业信用管理能力。对严重失信企业，应将其列为重点监管对象，依法依规采取行政性约束和惩戒措施，营造良好的诚实守信的社会环境，促进我市国际维修维护试点有序开展。（责任单位：市信用办、市商务局、苏州各海关、市环保局、各试点地区）

苏州市深化文化服务贸易创新发展试点行动计划
（2018—2020年）

为加强文化产品供给，引导文化服务出口，深入推进文化服务贸易创新发展，全面提升苏州文化的国际影响力，根据商务部《深化服务贸易创新发展试点总体方案》、苏州《文化繁荣兴盛三年行动计划》（2018—2020年），在前两年试点工作的基础上，结合苏州文化产业高质量发展的需求，制订本计划。

一、工作思路

弘扬"崇文、融合、创新、致远"的苏州城市精神，抢抓苏州成为国家深化服务贸易创新发展试点城市契机，立足苏州实际，以开放促改革、促发展、促创新，坚持统筹发展、政策引导、企业主体、市场运作，在文化服务贸易管理体制和管理机制、政策体系和监管模式方面先行先试，为苏州"强富美高"新江苏排头兵和"四个名城"建设做出新贡献。

二、工作目标

以建设创新型城市为载体，以加快文化产业发展为契机，发挥苏州集吴地文化、江南水乡特色、产业高度融合、园区（基地）多元的产业特色，对接国际服务贸易投资规则，推动全市文化服务贸易增长加快、结构优化。到2020年年底，对外文化贸易额占全市对外贸易总额的比重显著提升。

（一）文化影响力不断增强

力争到2020年年底，形成一批借力国家战略的文化开放载体、对外文化交流品牌、外向型骨干文化企业和海外文化贸易平台，文化开放体系和开放格局更加完善，对外文化服务贸易水平位居全国前列，文化对外影响力和国际传播能力不断增强，"文化苏州"的国际形象和美誉度显著提升。

（二）集聚水平明显提升

依托苏州市级以上文化产业（示范）园区（基地），按照苏州文化产业现有基础和条件，大力发展创意设计、文化旅游、工艺美术、数字内容与新媒体、文化会展广告等产业，发挥商会、协会、社团的作用，打造跨界融合产业联盟，壮大一批兼具文化贸易载体功能的服务平台和骨干企业。

（三）特色平台广泛覆盖

推进文化部、苏州市政府合作共建布达佩斯中国文化中心，打造苏州对外文化交流新平台。加快创客空间建设，充分发挥"中国苏州文化创意设计产业交易博览会"平台集聚功能，推动文化服务贸易产业创新发展。加快传统文化产业园区建设，推动传统文化产业振兴。不断开发建设新兴文创产业新载体。

三、牵头单位及试点地区

牵头单位：市文化广电新闻出版局。
试点地区：常熟市、昆山市、姑苏区、工业园区、高新区、吴中区、相城区。

四、行动内容

（一）探索文化服务贸易管理体制创新

1. 优化管理制度体系。深入研究国际服务贸易通行规则，简化审批、优化监管、强化服务，落实文化产业"放管服"的工作要求。开辟绿色通道，推进一站式审批、查验工作。探索建立文化服务业的外商投资准入负面清单制度。积极向上争取取消或降低文化产业投资者资质要求、股比限制、经营范围限制。（责任单位：市商务局、市文广新局、苏州海关、工业园区海关、市外管局、各试点地区）

2. 强化服务保障体系。进一步完善市、区两级文化服务贸易重点企业库，强化文化服务贸易企业联系服务制度，为企业送政策、送信息、送服务。完善文化服务贸易发展专家库，加强专家指导服务机制的建设，对行业、企业发展进行针对性指导服务。（责任单位：市商务局、市文广新局、市教育局、市交通局、市旅游局、市知识产权局、市金融办、市各试点地区）

（二）探索扩大文化服务业双向开放

1. 大力引进功能性总部企业或分支机构。积极创造条件，改善营商环境，强化政策引导，吸引更多具有国际营销渠道、品牌影响力和产业竞争力的境内外知名文化企业、研发中心、设计机构和总部基地等入驻我市，符合条件的参照享受苏州市总部经济政策。（责任单位：市商务局、市财政局、市文广新局、市发改委、各试点地区）

2. 引导文化企业积极拓展国际市场。发布《苏州市文化出口重点展会目录》，鼓励文化企业参加国内外重点文化展会，拓展国际市场。加强对文化出口重点企业扶持，鼓励文化企业通过境外投资、合资、参股乃至兼并控股等多种形式，实现文化产品和服务更好地"走出去"。认定一批文化服务贸易试点园区，引导文化企业集聚发展，加强对园区文化出口的服务和引导，对文化服务贸易公共服务平台的建设及业务拓展给予扶持。（责任单位：市商务局、市文广新局、市委宣传部、市发改委、市财政局、市旅游局）

3. 加快文化产品对外传播速度。促进文化与科技双向深度融合，推进文化产品数字化、网络化进程，以文化旅游、数字内容生产、设计服务、工艺美术为发展重点，加快文化与相关产业融合，利用数字化手段加快苏州文化对外传播速度。扩大大运河文化带沿线对外文化贸易，鼓励沿线古典园林、蚕桑丝织技艺、昆曲、古琴等历史文化遗产走出国门，推动文化产品和服务"卖出去"。推动文化产品和服务双向开放，建设匈牙利布达佩斯中国文化中心，助推苏州文化更好地走向国际。（责任单位：市文广新局、市委宣传部、市科技局、市商务局、市旅游局、市税务局、苏州海关）

（三）培育壮大文化服务贸易市场主体

1. 支持文化服务贸易企业做大做强。加快培育重点文化创意企业，培育一批具有成长性、示范性、引领性的优秀新兴业态文化企业。到2020年，力争有8家以上文化类上市企业，40家优秀新兴业态文化企业，1 000家规模以上文化企业。实施文化产业园区（基地）提升工程，完善园区（基地）、重点企业认定评选扶持机制，引导文化产业向特色化、差异化、集群化发展，力争有1家文化产业园进入国家文化产业示范园区行列。（责任单位：市文广新局、市委宣传部、市科技局、市财政局、市商务局、市旅游局、市金融办、市税务局）

2. 强化文化创意的引领功能。以知识产权保护利用和创新型人力资源开发为核心，不断提高文化创意和设计服务整体水平；建好用好"苏州市文化创意产业公共服务平台"，更好地服务文化产业发展；继续办好中国苏州文化创意设计产业交易博览会，打造国内一流、国际知名文创产业展示和交易平台；继续办好"苏艺杯"暨"子冈杯"国际工艺美术博览会，打造国内一流的工艺美术展示交易平台。建成中国新手工艺运动研究院。（责任单位：市文广新局、市委宣传部、市商务局、市旅游局、市税务局、苏州海关）

3. 深入推进知识产权服务。加强对文化产品和服务的版权保护及边境保护，加大知识产权宣传力度，提升文化贸易企业对知识产权的创造、运用、管理和保护能力，营造有利于文化贸易知识产权保护的舆论环境。开展知识产权境外预警分析，做好知识产权维权援助。（责任单位：市知识产权局、市文广新局、市工商局、各试点地区）

（四）探索文化服务贸易发展新模式

1. 推进文化服务贸易与跨境电子商务结合。鼓励境内外文化企业在中国（苏州）跨境电子商务综合试验区内设立电商企业，并给予政策支持。引导文化企业通过线上综合服务平台开展文化服务进出口。（责任单位：市商务局、市经信委、市科技局、市交通局、市文广新局、市旅游局、市知识产权局、市金融办、市税务局、苏州海关、中国人民银行苏州市中心支行）

2. 精心打造苏州特色文化服务品牌。积极与"一带一路"沿线国家、新兴经济体国家、G20国家的相关重点城市开展友好交流，进一步打响苏州"园林之城"、"丝绸之府"、"昆曲发源地"和"手工艺与民间艺术之都"等城市文化品牌，挖掘苏州刺绣、苏作雕刻、苏州宋锦、御窑金砖等的内在价值。振兴传统文化品牌，加强产品外观、内涵等创意设计，积极推动昆曲、苏剧、苏州评弹、苏式滑稽戏等传统戏曲的文化传播，以苏州园林、昆曲等传统经典为载体，鼓励引导文化"走出去"。促进苏州文化元素与制造业、农业、旅游、体育四大领域深度融合，并将创新融合开发成果通过主流媒体和中国苏州创博会平台集中展示推广，不断加强文化交流，提升对外文化影响力。（责任单位：市委宣传部、市文广新局、市经信委、市农委、市旅游局、市体育局、市工商局、市知识产权局、各试点地区）

3. 探索推进文化服务贸易数字化。加快文化资源的数字化转换及开发利用。支持原创网络作品，加强知识产权保护，推动优秀作品在网络上传播。培育形成一批拥有较强实力的数字创新企业，推动数字影音、动漫游戏、网络文学、数字学习、数字出版等以数字技术为支撑的数字服务贸易的发展。（责任单位：市文广新局、市教育局、市科技局、市商务局、市知识产权局）

4. 提升文化投资和跨境交付能力。推进文化贸易投资的外汇管理便利化，确保文化出口相关跨境收付与汇兑顺畅，满足文化企业跨境投资的用汇需求。简化跨境人民币结算手续和审核流程，降低汇率风险。（责任单位：中国人民银行苏州市中心支行、各试点地区）

（五）全面提升文化服务贸易便利化水平

1. 探索创新通关管理模式。培育重点文化出口企业成为海关高信用企业，享受海关便捷通关措施。探索为文化产品出口提供24小时预约通关服务等便利措施。对文化企业演出、展览、进行影视节目设置和后期加工等需暂时进出境货物，按照规定加速验放。对国有文化企业从事文化出口业务的创编、演职、营销人员等，不设出国（境）指标，简化因公出国（境）审批手续，出国（境）一次审批，全年有效。（责任单位：

苏州海关、工业园区海关、市外办、各试点地区）

2. 加快对文化人才培养和引进。继续做好人才高峰集聚工程。持续加强"姑苏宣传文化人才工程"品牌建设，强化文化人才资助项目绩效考核，推动文化精品创作和文化人才培养齐头并进。加快推进姑苏紧缺宣传文化人才引进计划，研究出台紧缺人才引进目录，鼓励文化企业引进紧缺高层次人才。探索本地专业类高校与本地院团培养专业化人才的合作模式，依托苏州交响乐团、苏州民族管弦乐团等人才载体，努力形成高层次文化人才聚集地。办好"苏作文创峰会"平台，打造工艺文化人才集聚平台。（责任单位：市委宣传部、市人才办、市文广新局、市档案局、市文联、苏州日报报业集团、市广电总台、各试点地区）

3. 推动文化与金融深度融合。发展众创、众包、众扶、众筹等新模式，为文化新产品、新业态成长提供支撑。推动文化与金融深度融合，创新文化与金融合作方式，建立健全文化金融担保融资机制，推动和引导社会资本建立各类文化基金，引导各类资本加大对文化产业的投入，引进一批有实力的投资基金，推动文化产业更好地发展。（责任单位：市财政局、市文广新局、中国人民银行苏州市中心支行、苏州银保监分局、市外管局、各试点地区）

（六）探索创新事中事后监管举措

1. 对文化服务贸易市场主体开展信用管理。依托国家企业信用信息公示系统，加强对违法失信行为的信息披露和共享，完善文化企业经营异常名录、失信企业"黑名单"制度。在信贷、政策奖励支持等方面注重加强信用数据应用，不断完善对企业的信用管理。（责任单位：市工商局、市经信委、市文广新局、各试点地区）

2. 将试点工作纳入地方政府考核评价体系。建立健全文化服务贸易绩效评估指标体系，会同相关部门成立绩效评估指导组织，聘请社会评估机构定期对试点效果进行评估，确保试点工作顺利推进。（责任单位：市商务局、市文广新局、市金融办、苏州海关、工业园区海关、市外管局、各试点地区）

五、保障措施

1. 加强组织领导。进一步深化对文化服务贸易创新发展试点工作的认识，把文化服务贸易创新发展作为勇当"两个标杆"、落实"四个突出"、建设"四个名城"的重要任务来抓，加强对文化服务贸易创新发展工作的组织领导，全面推进各项任务的落实。积极开展对上协调和横向协调。

2. 加强配套政策措施落实。认真落实配套的支持政策和各项开放便利举措，全面开展政策宣传，鼓励引导用足用好政策，促进文化企业加快发展。

苏州市深化旅游服务贸易创新发展试点行动计划
（2018—2020年）

一、工作思路

围绕"打造国家全域旅游示范区和国际一流旅游目的地"总目标，以推进苏州旅游全域化、国际化、精品化发展为主线，加快实施旅游供给侧改革，深入挖掘苏州城市历史文化资源，推动文化旅游深度融合。通过完善旅游管理体制机制，优化旅游产品创新创业体系，提升旅游服务水平，创新旅游营销模式，扩大旅游业对外交流范围，推动公共服务体系和治理水平与国际接轨，构建国际化旅游产品和服务新体系，推动我市旅游企业加快"走出去"步伐，实现旅游业国际国内"两个市场"均衡发展，从而提升苏州文化旅游和现代服务业发展水平。

二、工作目标

以建设"国家全域旅游示范区"和"具有独特魅力的国际文化旅游胜地"为载体，以加快旅游产业发展为契机，形成多业融合、全域联动的大旅游发展格局。经过两年试点，旅游服务贸易额占全市对外贸易总额的比重显著提升。

（一）发展规模稳步扩大

到2021年，全市入境过夜游客接待量达到232万人次，入境一日游接待量达到80万人次，旅游创汇41.24亿美元；全市出境游客达到315万人次，出境游境外消费56亿美元，全市旅游总收入达到3 686亿元，占GDP的比重超过6.6%，旅游服务贸易年均增长20%以上。

（二）市场主体竞争力明显提高

引进培育一批旅游服务贸易重点企业，完善国际旅游接待服务体系，加快入境旅游重点接待区和接待设施建设，使境内外游客满意度实现新提升。

三、牵头单位及试点地区

牵头单位：市旅游局。

试点地区：姑苏区、苏州工业园区、苏州高新区（虎丘区）、昆山市。

四、行动内容

（一）进一步完善旅游综合管理体制机制

1. 优化旅游综合协调体制。固化工作小组定期研究机制，古城旅游国际化工作小组深化工作职能，在"国家古城旅游示范区"和"国家全域旅游示范区"两个目标的共同引导下，具体细化落实旅游国际化资源、国际化产品、国际化服务体系和国际化营销等工作，推动以古城为核心的国际旅游目的地建设。（责任单位：市旅委办、姑苏区、市旅委各成员单位、各试点地区）

2. 强化旅游综合监管机制。深化旅游治理机制改革，坚持依法治旅，充分学习借鉴国内外先进经验，探索在古城区配备一定数量的外语旅游警察，服务入境游客。同时加大对出境旅行社和领队的法制宣传，加强对出境游客的文明提示和行为监管，营造优质的旅游环境。（责任单位：市旅委办、市公安局、法制办、中级人民法院、工商局）

（二）建立旅游产品创新创业体系

1. 扶持旅游市场主体发展。引导全市24家出境社做大做强，推动旅行社业整体转型升级，并进一步开放和鼓励旅行社申请出境旅游资质，力争到2021年年末，全市拥有出境旅游资质的旅行社达100家；成立入境旅游联盟，扶持8～10家入境旅游企业，开拓国际市场。（责任单位：市旅游局、市财政局、商务局、各试点地区）

2. 打造旅游精品品牌。积极打造面向国际游客的遗产文化旅游、苏式会奖旅游、湖泊休闲度假三大品牌产品，其中，重点发展会议会展旅游、奖励旅游、商务考察旅游三类商旅会奖旅游产品。创新培育研学旅游、体育旅游、水上旅游、乡村旅游、夜间旅游、购物旅游等特色业态，升级观光旅游产品，推动苏州旅游产品向观光、休闲、度假并重转变，优化国际旅游目的地产品供给结构。鼓励开发特色旅游商品，积极建设旅游创客基地和旅游商品研发基地，振兴传统文化与产业。推进旅游与会展资源整合，完善商务会奖旅游协调职能，出台商务会奖旅游扶持政策，培育和引进商务会奖旅游市场主体，发展会议论坛旅游、奖励旅游、会展旅游等完整的MICE产业。（责任单位：市旅游

局、市文广新局、园林局、商务局、教育局、体育局、交通运输局、农委、各试点地区）

3. 继续实施旅游形象标识国际化改造。对精品旅游产品和特色社会资源进行特殊形象、信息引导、服务功能等方面的国际化改造，增加并完善中英文对照旅游标识，选择专业公司进行市场化运营。发布面向入境游客的旅游精品、供应商和导游等中外文名录，评选面向国际游客的精品旅游商品。（责任单位：市旅游局）

（三）提升旅游公共服务水平

1. 完善全域旅游服务体系。建设完善旅游公共服务体系，打造旅游交通、旅游厕所、旅游咨询服务等平台体系。继续推进苏州旅游线上总入口和线下服务体系建设，探索面向国际游客的 Digital Guide App 研发，形成入境散客旅游总入口。在全市旅游重点区域实现 WiFi 全覆盖，并提供苏州国际旅游总入口信息通道，实现一键游苏州。加强苏州官方外文版网站建设，服务北美和欧洲重点市场游客。鼓励入境旅游接待社和品牌导游推出面向入境游客的苏式生活深度游产品，提高入境游服务水平。（责任单位：市旅游局、市经信委、科技局、外办、各试点地区）

2. 推动出入境政策便利化。借助上海虹桥和浦东机场开放 144 小时过境免签政策，进一步完善苏州与两大机场之间的中转便捷服务；将我市旅游咨询中心设到两个机场和上海的外国人集中区域，便利入境游客来苏。在苏州设立市民游客中心和出境签证中心，便利苏州人出境游。鼓励我市旅行社、饭店、餐饮连锁企业等前往境外设立服务点，为出境游提供服务。（责任单位：市旅游局、市外办、公安局、工商局、各试点地区）

（四）创新国际旅游营销模式

1. 加大国际旅游营销。加大国际旅游营销力度，发力旅华客群市场营销，重点开发欧美、港澳台等市场。加强苏州旅游企业与境外旅游企业集团、营销机构、传媒机构、中介公司的合作，广泛开展境外委托营销，重点维护 Facebook、Twitter 等国际社交媒体平台，加大在北美、欧洲等地的旅行商直销力度，推出以苏州为重点的旅游产品。按照国外主要旅游城市做法，探索"16 岁以下免费入园、成人付费陪同"等新政策，积极吸引国际中青年游客。（责任单位：市旅游局、市外办、贸促会、各试点地区）

2. 加大对旅居中国的外国人市场营销。通过中美商会等组织和多个面向旅居中国的外国人的大型活动进行苏州主题推广活动；借助 Guidein China 和 Grabtalk 等专业线上平台提升该人群对苏州的兴趣；在该人群较关注的媒体平台发布苏州旅游相关内容并进行互动。与外商协会开展合作，举办苏州旅游推介会，延长外国人在苏停留时间，增加人均消费额度。（责任单位：市贸促会、外办、旅游局、各试点地区）

3. 加强与周边省份主要城市的联动合作。加强与上海、杭州、南京、无锡等的联动合作，推动长三角国际旅游一体化进程，将其外国人常住酒店作为苏州相关外文资料的发放点，提高苏州的国际知名度。（责任单位：市旅游局）

4. 促进国际会奖以提升国际知名度。通过培育苏州本地国际会议承接方，鼓励企业加入国际专业会议协会（如ICCA、SITE等）；挖掘苏州在国际国内优势专业领域内的领军人物，使其成为苏州会议大使等，营销苏州国际会奖产品，提升国际知名度。（责任单位：市外办、商务局、旅游局、各试点地区）

（五）扩大旅游业双向开放

1. 进一步完善国际旅游交流合作。扩大国际旅游互联合作，加强与主要客源国、友好城市政府间的旅游合作，在省、市组织的各类经贸文化交流活动中融入旅游主题，积极开展与美国波特兰、韩国全州、日本金泽、德国康斯坦茨、意大利威尼斯等友好城市的交流合作活动，加大与国际遗产城市组织的合作。（责任单位：市外办、市旅游局、商务局、文广新局、各试点地区）

2. 扩大与周边国家地区的旅游合作。进一步扩大与中国台湾、新加坡等周边地区和国家的旅游合作，继续与台旅会、新加坡旅发局开展双向宣传，拓展旅游合作，扩大会奖合作，增加旅游培训，在民宿业和旅游商品方面引进台、新创意设计、经营管理团队。组织开展赴台湾等地考察旅游厕所建设管理经验。组织台湾学生来苏开展研学旅游项目。（责任单位：市旅游局、市外办、台办、商务局、各试点地区）

（六）加快推进"旅游+"发展

促进旅游业与文化娱乐业、商务会展、交通运输服务、互联网信息服务业、住宿业、餐饮业、零售业、教育等关联性的行业融合，重点推动旅游业与商务会展业的融合发展，推动旅游业与零售业、对外贸易的融合，出台实施促进旅游购物消费的专项政策，发展旅游商品零售业、工厂直销与折扣购物旅游业，扩大境外游客购物离境退税政策实施范围。（责任单位：市旅游局、市商务局、市经信委、交通运输局、教育局、税务局、各试点地区）

（七）优化旅游支持政策

1. 完善财政和奖励政策。加大财政支持力度，重点扶持和引进商旅会奖中介机构（如PCO、DMC等），加大对入境外联旅行社及专做苏州一地游旅行社的奖励，对通过外联或组团获得的增量入境游人数要提高奖励额度。根据旅游业增长逐年增加旅游宣传促销经费投入，建立完善旅游营销奖励制度，对出境及入境营销团组的出访审批方面给予便利。（责任单位：市旅游局、市财政局、各试点地区）

2. 争取入境便利政策。争取入境旅游便利化政策，争取落地签、一签多行的签证便利化政策和入境游客支付便利政策。落实境外游客购物离境退税政策，2016年出台政策，2017年上半年实施试点。（责任单位：市旅游局、市税务局、财政局、经信委、公安局、各试点地区）

3. 强化人才培养政策。加大对旅游职业教育的投入，着力培养旅游国际化人才，加强对复合型旅游人才培养，政府投入专门资金用于对旅游从业人员在职培训。加大导游人才队伍建设，特别要注重对小语种外语导游人才的培养。（责任单位：市旅游局）

4. 落实带薪休假制度。贯彻国务院部署要求，把落实职工带薪休假制度纳入各地政府议事日程，制订带薪休假制度实施细则或计划，鼓励职工出境游。（责任单位：市人社局、市旅游局、总工会、妇联、各试点地区）

5. 加快获得国际会议的审批便利。积极争取省人民政府能下放一定人数下的国际会议审批同意权，积极争取协助办理较大规模国际型会议在苏举办的审批同意权。（责任单位：市外办、文广新局）

6. 研究苏州特色外事管理办法。在遵循国家外事管理政策的基础上，研究出台具有苏州特色的外事邀请管理办法，促进境外散客入境苏州旅游。（责任单位：市外办、商务局、旅游局）

(八) 创新旅游统计评价体系

1. 创新旅游数据信息。做实"苏州旅游数据中心"，建立全域旅游统计调查数据平台，与市级统计部门共同开展旅游数据统计专项课题调研，与通信行业三大运营商、OTA旅游网站、信用卡发行机构等开展数据交换，全面真实反映苏州旅游及旅行服务贸易数据，为政府决策提供科学依据。（责任单位：市旅游局、市经信委、统计局、各试点地区）

2. 加强旅游监管平台建设。加强旅游电子合同平台的推广与应用，规范旅行社与游客签订的旅游合同内容；加强出境旅游团队动态监管平台建设，不断督促出境社如实填报出境旅游团队信息，对有突发事件国家和地区的旅行团进行实时跟踪与监控，强化应急突发事件的处置能力；建立旅行社业务管理工作平台，开创旅行社业务标准化模块，提升旅游监管工作效率；强化苏州旅游经营单位诚信平台建设，将行业内相关企业、涉旅企业和从业人员的从业征信纳入监管范围，同时对旅游者文明旅游行为加强信息整合，确保旅游相关企业和人员合法经营、文明旅游。（责任单位：市旅游局、市工商局、文明办、人社局、各试点地区）

五、落实保障

（一）组织保障

市旅游主管部门成立旅游服务贸易创新发展行动小组，明确领导责任、工作机制、审核推进机制，对涉及旅游服务贸易的重要事项实行年度计划目标设定和阶段性考核机制。每年召开一次旅游服务贸易工作小组会议，指导督促落实各项工作任务。建立常态化工作机制，定期研究和协调旅游服务贸易现状和重点工作。对重点区域开展重点调研和扶持，指导重点区域推进落实服务贸易创新发展工作措施，各相关成员单位要加强沟通，共同建立完善旅游服务贸易协调推进和考核奖惩制度。

（二）资金保障

在年度旅游专项资金中安排服务贸易专项经费，用于加快落实旅游服务贸易政策措施。根据旅游业发展需求逐步递增旅游专项资金，加大用于旅游服务贸易政策研究、产品创新、宣传营销、人才培养、统计监测等方面的资金投入。财政预算中增加旅游服务贸易项目经费。参照国内重点旅游服务贸易创新发展城市，如上海、天津等的旅游服务贸易推进措施，落实旅游服务贸易产品研发、宣传营销经费，尤其是用于入境旅游的国际营销经费预算和用于出境旅游规范化的旅游标准化研究经费。强化财政与旅游部门的定期会商制度，沟通协调旅游专项资金在服务贸易方面的用途，发挥专项资金"四两拨千斤"的作用。各试点地区要将符合服务贸易条件的旅游企业和项目纳入支持服务业、文化产业、古城产业转型、中小企业、新农村建设、生态文明建设、创新创业等专项资金扶持范围。搭建旅游服务贸易多元化投融资平台，对入境游组团和接待社、入境会议和奖励旅游接待饭店、入境旅游重点景区等提供投融资便利化渠道，支持符合条件的旅游服务贸易企业上市，探索发展旅游项目资产证券化产品，探索项目产权与经营权交易平台建设，完善旅游资本市场运作。

（三）政策保障

在旅游服务贸易创新发展基础上，积极探索经验，争取国家政策试点。强化用地保障。落实《关于支持旅游业发展用地政策的意见》（国土资规〔2015〕10号），切实保障旅游服务贸易重点项目用地需求。争取旅游业便利化营商政策。争取旅游业服务贸易试点、会议会展、体育赛事、节庆活动等行政审批流程改革试点、旅游众创空间试点政策。争取入境旅游便利化政策。争取落地签和一签多行的签证便利化政策、入境游客支付便利政策、增设直飞航线（苏州自建机场的情况下）政策等在苏州实施。争取促进旅游消费的政策。贯彻国务院部署要求，把落实职工带薪休假制度纳入各地政府议事日程，制订带薪休假制度实施细则或计划，并抓好落实。制定研学旅游实施办法。

（四）人才保障

升级姑苏旅游人才计划。一是开展新一轮姑苏旅游人才计划，设立专门的旅游人才专项资金，推行"人才绿卡"政策，支持企事业单位引进领军、重点、国际化旅游人才。二是支持苏州高职旅游院校引进旅游类专业紧缺师资，以促进苏州旅游高等职业教育专业发展跨上新台阶、达到新水平，并开展旅游服务贸易相关专业和课程的科研探索。三是对涉及旅游服务贸易业务的相关专业技术人员、出入境旅游操作人员、管理人员、外语人才开展集中培训和项目支持，鼓励旅游服务贸易人才不断成长和集聚。四是举办多形式旅游人才专题培训班，实施"百家讲坛"工程，引进一批国际国内旅游专家教授，对苏州市旅游业者提供培训服务，组织涉旅企业赴境内外学习考察。五是实施旅游服务外包。针对旅游服务贸易发展过程中管理、技术等人才支撑不足等问题，充分利用"互联网+"寻找第三方服务团队来运作，大力实施旅游服务外包，"借脑借力"，开展旅游产品的创意、设计、策划、包装、营销等工作。

苏州市会展服务贸易创新发展试点行动计划
(2018—2020 年)

根据《苏州市深化服务贸易创新发展试点实施方案》的要求，为进一步明确会展服务贸易深化试点工作目标，有序推进会展服务贸易创新发展试点各项工作，加快苏州市会展业改革发展步伐，制订此计划。

一、工作思路

以习近平新时代中国特色社会主义思想为指导，坚持创新、协调、绿色、开放、共享发展理念，依托苏州市在制造业、开放型经济以及中国新加坡合作、海峡两岸融合等方面的优势，推动会展业在管理体制、促进机制、政策体系、发展模式等方面的探索创新，加快优化发展环境，激发市场活力，以会展业的品牌化、信息化、市场化来推动会展业国际化发展。

二、工作目标

到 2020 年，全市展览业功能更加完善，品牌展览项目进一步增加，展览业规模显著扩大，国际化水平进一步提升。探索优化促进会展业健康发展的体制机制，努力形成平等参与、竞争有序的市场环境。培育一批本土品牌展览企业，做大做强 5~10 个专业品牌展览项目，提升专业品牌展的国际化发展水平，进一步发挥会展服务贸易对经济发展的拉动和促进作用。

三、牵头单位与试点地区

牵头单位：市商务局。
试点地区：工业园区、相城区、昆山市。

四、行动内容

（一）促进会展企业做大做强

1. 扶持会展龙头企业。重点培育一批专业服务能力强、核心竞争力突出、示范引领作用大的会展龙头企业。鼓励骨干会展企业通过多种形式开展资源融合，组建会展集团，全面提高组展、办展和组织国际活动的能力。支持骨干企业承接重大会展项目或创办重点产业会展项目，形成以大企业为主导、以大项目为支撑的会展发展格局。（责任单位：市商务局、工业园区管委会、昆山市政府、市文广新局）

2. 大力培育新兴会展企业。引导新兴会展企业向特色化、专业化方向发展，鼓励特色会展企业加强横向联合，汇集各方资源，联合举办新兴会展活动，提升新兴会展企业在专业特色领域的办展能力，培育一批专业优势突出的特色会展企业。（责任单位：市商务局、工业园区管委会、昆山市政府、市文广新局、市旅游局）

3. 积极引进国际国内重点会展企业。加强会展业对外开放，积极开展国际国内的宣传推介活动，鼓励苏州市企业与国际国内知名会展公司、行业组织开展合资、合作，积极引进国际国内重点会展企业来我市落户，提高会展企业整体对外开放水平。（责任单位：市商务局、工业园区管委会、昆山市政府）

（二）扶持培育一批会展重点项目

1. 鼓励企业创办或引进合作新的展览项目。积极引导企业立足国家发展战略，紧跟国家"长江经济带""长三角"以及国家"一带一路"倡议，积极响应国家进一步扩大开放的号召，以改革创新为引领，密切与国家有关部委、国家级协会组织以及国际组织的沟通联系，利用各种资源和渠道，广泛对接国内外知名组展商及会展主体，积极争办国际级或国家级大型展览活动，引进一批在国内、国际具有较大影响力的优质品牌展会。（责任单位：市商务局、工业园区管委会、昆山市政府）

2. 立足重点行业领域，创办新兴产业会展。大力支持会展企业立足我市重点产业或区域产业发展需求，加快培育与新一代信息技术、新能源、新材料、节能环保、高端装备、生物产业、新能源汽车、人工智能等产业相关联的展览会，整合行业资源，为重点产业发展搭建展览、展示和交流合作的新平台。（责任单位：市商务局、工业园区管委会、昆山市政府）

3. 立足苏州特色产业，创办特色展会。重点支持企业举办与电子信息、机械、纺织、医药、建材、汽车零部件等相关的展览会。支持企业立足苏州文化创意、旅游以及与传统工艺相关的产业举办展览会。（责任单位：市商务局、工业园区管委会、昆山市

政府)

4. 促进重点项目国际化发展。努力推进现有展览项目规模化和国际化发展，对与我市重点产业、特色产业关联度高的展览项目，在做大规模、做强特色的同时，引导会展企业开展会展品牌认定、商标注册工作，以品牌认定推进企业和项目的品牌化发展。支持我市品牌展览项目、会展企业积极申报全球展览及机构的国际认证，扩大国际组织认证认可的展览机构和展会数量，提高自主品牌展会国际化营运水平。（责任单位：市商务局、工业园区管委会、昆山市政府、市知识产权局、市工商局）

（三）拓展发展新空间

1. 推进会展业开展国际国内交流。支持会展主体与国际国内知名会展企业合作，围绕重点产品和重点市场共同举办境外展会。完善国际合作机制，加强与"一带一路"沿线国家的多双边、区域经贸合作，加强与国际国内知名会展机构和会展主体的交流与合作，建立国际化会展营销网络，积极引导推进会展向招商和投资领域的功能延伸。（责任单位：市商务局、工业园区管委会、昆山市政府）

2. 促进会展业绿色发展。积极倡导节能、环保、绿色办展，鼓励支持在场馆设施、展会组织、展示设计、展台搭建及展会服务等环节创新应用节能环保、可重复利用的展览材料和产品。引导支持创办会展产业园区，建立一站式会展服务中心，推动会展产业链上下游企业向园区集聚，推进会展业绿色可持续发展。（责任单位：市商务局、工业园区管委会、昆山市政府、相城区政府、市环保局）

3. 积极开展展览业的宣传推广工作。组织开展全市会展发展环境、会展政策、重点项目的宣传推广活动，引导企业在重要行业媒体、专业渠道及公共媒体开展展览项目的广告宣传。积极引进举办会展行业重要活动，汇聚会展行业资源，提高苏州会展业在国际国内的知名度和影响力。（责任单位：市商务局、工业园区管委会、昆山市政府）

（四）探索完善会展促进管理机制

1. 强化会展服务与管理。搭建公共服务信息平台，定期发布会展信息、政策法规、宣传推介、业务咨询、企业评估、人才培训等服务信息，实现政府、协会、企业信息共享和良性互动。落实好苏州市展览业管理办法，进一步提升和规范会展业秩序，创新良好的开放发展环境。（责任单位：市商务局）

2. 发挥中介组织作用。充分发挥好市会展行业协会的作用，以协会为平台，搭建国内外的交流渠道，推动苏州会展业与国内国外行业交流；加强行业自律，充分发挥协会行业组织的作用，加强行业发展中的协调、组织、监督及发展促进功能建设，形成政府管理部门与协会的互动协作机制，推进行业健康发展。

3. 加强行业诚信体系建设。指导行业组织开展会展业发展规律和趋势研究，充分发挥各类商会、协会等经贸组织的功能与作用，引导企业依法经营、诚信办展、绿色发展、规范服务。开展会展业诚信体系建设，将重点会展企业纳入商务诚信体系建设范围，实现部门间监管信息共享、公开透明，并鼓励社会公众参与监督。（责任单位：市商务局、市经信委）

4. 提高便利化水平。提高展品通关效率，对与会展相关的进出境展品、艺术品等特殊物品在有效监管的前提下，研究创新进一步提升服务、提高通关速度的措施，完善邮递、跨境电子商务通关服务。在海关特殊监管区域内设立展品常年保税区，缩短艺术品内容审核时限，支持文化产品保税展示交易。进一步完善便利外国专业买家及相关企业参展参会的措施和政策。（责任单位：市商务局、市文广新局、市旅游局、市外办、苏州海关）

5. 加强对会展的统计与分析。积极推进商务部和国家统计局印发的《展览业统计监测报表制度》，建立重点联系企业（单位）制度，将重点统计与全面统计相结合，完善监测分析制度，建立综合性信息发布平台，按年度发布相关数据和行业发展报告。（责任单位：市商务局）

五、保障措施

1. 加强会展业管理和服务。完善管理制度，出台苏州市会展业管理办法，优化监管和服务流程。强化安全运营管理，树立"平安展会"理念，提高展览活动承办者与参与者的安全意识，确保不出安全事故。进一步优化展品出入境监管方式，提高展品通关效率，依法规范对未获得检验检疫准入展品的管理。

2. 加强知识产权保护。支持和鼓励展览业企业通过专利申请、商标注册等方式，加强对参展展品知识产权的保护。把制止侵权、假冒、虚假宣传等工作内容列入展会整体方案和应急处置预案。严厉打击侵权、假冒等违法行为，完善重点参展产品的追溯制度，建立参展商专利违法行为查处的协作机制及参展商违法行为线上线下追究制度，落实企业承诺制度和主体责任。

3. 加强政策保障。制定专门的会展业发展促进政策，支持展览项目做大做强，支持企业开展会展项目品牌化、国际化建设，鼓励引导展览项目绿色发展；支持全市会展资源的整体宣传推广，树立苏州会展业发展的良好形象，提升和改善苏州会展的整体发展环境。

苏州市教育服务贸易创新发展试点行动计划
（2018—2020年）

一、工作思路

随着教育国际化的发展，作为服务贸易的重要组成部分，教育服务贸易正日益成为国际贸易的一个重要领域。近年来，苏州的城市国际化水平不断提高，教育对外开放事业不断发展，为进一步贯彻落实《关于做好新时期教育对外开放工作的若干意见》和《推进共建"一带一路"教育行动》文件精神，我们苏州更应抓住机遇，积极做好教育深化服务贸易创新发展，从人才培养中创造更多的经济效益。

二、工作目标

立足苏州区位优势，充分借助苏州独墅湖科教创新区的平台资源，扩大苏州高校及高等职业技术学校的国际办学影响力，鼓励和吸引中外优质教育资源来苏开展中外合作办学项目，引入苏州本地非遗文化元素，做强做优汉语国际推广工作，建设乐学之城。

三、基本原则

市场主导、政府引导。充分发挥市场在资源配置中的决定性作用，更好地发挥教育行政部门的作用，进一步健全政策法规与标准规范，营造教育国际化发展的良好环境。

锐意创新、技术支撑。推广先进技术应用，大力推动"互联网+"在教育国际化中的应用，鼓励基于互联网的教育发展新业态。

多方联动、部门协调。推动教育与文化、旅游等事业共同发展，加强区域间、政府部门间协同联动，推进教育、文化、旅游深度融合。

四、牵头单位与试点地区

牵头单位：市教育局。

试点地区：苏州大市。

五、行动内容

1. 打造"留学苏州"品牌项目。据统计，到 2017 年年底，在苏留学生人数已达到 15 035 人，对我市对外经济、文化事业的交流发展做出了积极的贡献。为吸引和鼓励更多优秀外国留学生来苏州高校及高等职业技术学校学习和交流，拟积极打造"留学苏州"项目，设立"苏州国际友城暨'一带一路'国家外国留学生奖学金"，构建政府主导、社会参与、主体多元、形式多样的奖学金体系，重点推动苏州 55 个"国际友好城市"的学生和 65 个"一带一路"沿线国家的学生来苏留学。奖学金的管理做到可操作、可控制，通过成立评审领导小组（由市教育局、市外办、市台办、市财政局组成），对奖学金的申请、使用进行审核和监督。

2. 鼓励高校中外合作办学。据有关数据显示，目前我国已有中外合作办学机构和项目 2 000 多个，其中高等教育阶段在校生近 50 万人，高等教育的国际化建设不断加快。为进一步推动发展和规范管理，我们鼓励国内外优质教育资源依托苏州工业园区强势发展动力，借助苏州独墅湖科教创新区的平台开展中外合作办学，在政府引导下，以教育产业为基础，科技发展为目标，按照市场经济规律，承担苏州独墅湖科教创新区的建设和功能开发；配合、支撑、带动苏州经济的长远发展，最终实现社会效益和经济效益。

3. 加强汉语、非遗文化宣传。为积极加强汉语和汉文化推广，宣传好苏州本地文化和非物质文化遗产项目，增强苏州城市的吸引力，拟借助苏州市教育博物馆暨汉语国际推广中心的平台大力开展苏州本地文化和非遗项目宣传。苏州市现有一支由 262 名教师组成的汉推队伍，不仅可以在中心开展相应的现场和"互联网＋"宣传活动，还可以走出国门开展宣传，吸引更多的人到苏州来旅游，为苏州经济和文化事业的交流发展做出积极贡献。

六、保障措施

1. 创新管理体制。坚持依法行政，进一步调整和精简行政审批手续，优化审批流程，提高审批效率，加强后续监管。充分发挥部门间协调作用，共同推进教育国际化发展。建立苏州市教育国际化发展联席会议制度，加强信息共享和沟通协调，提高公共服务能力和行业监测能力。

2. 完善政策措施。研究制定教育服务贸易发展相关政策，拟制定出台《苏州国际友城暨"一带一路"国家外国留学生奖学金实施办法》，加强部门间协作，通过设立教育、文化、旅游等专项引导资金，加大对重点项目的支持力度。

3. 优化教育服务。加强联系，开展有针对性的重点服务。切实帮助学校、办学者或留学人员解决遇到的困难和问题。强化诚信信息归集、共享、公开和使用，建立健全诚信档案、黑名单制度和市场退出机制。

苏州市医疗卫生服务贸易创新发展试点行动计划（2018—2020年）

为贯彻落实《苏州市深化服务贸易创新发展试点实施方案》要求，推进医疗卫生事业国际化发展，特制订本行动计划。

一、工作思路

全面贯彻落实《苏州市深化服务贸易创新发展试点实施方案》，进一步提高对外开放合作水平，加强医疗卫生学术交流，推进医疗技术、人才、服务等领域"引进来"和"走出去"，提升医疗技术水平和能力。结合医疗卫生体制改革，加快我市医疗服务产业发展，更好地满足群众的医疗保健需求，打造创新苏州、健康苏州。

二、工作目标

以服务贸易创新发展为契机，加快医疗卫生服务产业发展，高水平建设苏州现代医疗卫生体系，积极推进本地中医药服务机构在境外开展医疗服务，推动中医药走向国际化。力争到2020年，苏州国际医疗技术学术学科交流次数、高层次国际化专业医疗卫生人才数量及外籍医师来苏行医数量明显提升。

三、牵头单位与试点地区

牵头单位：市卫计委、市外办、市人社局、市商务局。
试点地区：姑苏区、工业园区、高新区、吴中区、相城区、吴江区。

四、行动内容

（一）实施卫生国际化发展战略

1. 加大国内外医疗学术交流。通过举办中美卫生合作峰会，与中美各大医疗卫生机构、医学院的相关专家和学者围绕两国卫生政策、人工智能、医院管理、科研技术、人才培养、医疗服务等内容进行交流，推进医院全面发展和学科建设，加强人才培养，共商两国医院合作意向。

2. 开展中医药交流合作。发挥吴门医派文化特色优势，加强与欧洲国家传统文化交流，依托友好城市平台，在欧洲友好城市举办吴门医派文化巡展；加强与欧洲国家中医药技术交流与协作，通过互派人员学习，促进中医药技术合作。

（二）发挥卫生海外人才工作联络站功能

1. 加强引进医疗卫生关键技术。市立医院北区与美国梅奥医学中心签订康复医院合作协议，引进苏州首个国际康复医疗团队，在康复医院项目投资建设、科室设置、设备及空间安排、培训基地建设、人才团队引进等方面给予技术指导。市广济医院根据自身专科特点，基于诺奖得主的果蝇生物节律的相关理论，开展光照对正常受试者睡眠节律的影响项目研究。

2. 积极引进医疗卫生高层次人才。通过到海外开展医疗卫生推介活动，大力宣传苏州卫生健康发展状况，与有意向加入苏州卫生系统的顶尖级医学人才签订海外人才引进意向书，吸引高端医学人才加盟苏州卫生事业，提升苏州医疗卫生服务能力与水平。

（三）探索推进医疗服务"引进来"和"走出去"

推进落实国家相关改革举措，支持外国医师来苏州短期行医，鼓励掌握先进医疗技术的国外医师团队来华举办技术培训及参与诊疗活动，并加强对外籍医师的监管考核，逐步完善医疗体系，促进苏州市医疗技术水平快速提升。将优秀外籍技术专家"引进来"，让老百姓除了选择境外附属医院以及跨境医疗之外，能够放心地在苏州本地医院里享受世界一流水平的医疗服务；充分利用独特的吴门医派等优势中医医疗资源，积极探索推进中医药服务的国际化机制，推动中医药服务贸易"走出去"，向境外消费者和消费市场提供中医特色诊疗服务。

五、保障措施

1. 加强组织领导。进一步深化对服务贸易创新发展试点工作的认识，加强对服务贸易创新发展试点工作的组织领导，加强对试点重点工作的督查考核，全面推进试点各项任务落到实处。

2. 加强试点配套政策措施落实。认真落实试点配套的支持政策和各项开放便利举措，全面开展政策宣传，鼓励引导用足用好政策，引进人才促进企业发展。

3. 加强宣传引导。在积极稳妥做好医疗卫生服务贸易创新发展工作的同时，通过报纸、网络、电台等媒体加大对我市医疗卫生工作政策、成效的宣传,吸引更多国际化高层次医学人才来苏州交流。

4. 加强人才队伍建设。开展对行政管理队伍的培训,建设一支专业素质较强、管理水平较高的行政队伍。加快政府、高校与企业共同培育医疗卫生人才的机制建设,建立跨境人才库。加大对医疗卫生领域的高端人才、领军人才的引进力度。

苏州市服务贸易创新发展试点园区、公共服务平台、重点企业一览表

自2016年2月22日国务院批复同意苏州市开展服务贸易创新发展试点工作以来，市政府评审认定了苏州市服务贸易创新发展试点园区34家、公共服务平台18家、重点企业213家。具体情况如下：

苏州市服务贸易创新发展试点园区
（排名不分先后）

序号	单位名称	所属地区
1	苏州工业园区国际科技园	工业园区
2	苏州生物产业园	工业园区
3	苏州工业园区国际商务区	工业园区
4	苏州工业园区金鸡湖商务旅游示范区	工业园区
5	苏州阳澄湖半岛旅游度假区	工业园区
6	昆山文化创意产业园	昆山市
7	昆山智谷创意产业园	昆山市
8	昆山开发区综合保税区	昆山市
9	周庄古镇旅游区	昆山市
10	太仓软件园	太仓市
11	太仓大学科技园	太仓市
12	太仓市生物医药产业园	太仓市
13	太仓港物流集聚区	太仓市
14	东方丝绸市场	吴江区

续表

序号	单位名称	所属地区
15	吴江科技创业园	吴江区
16	吴江开发区物流中心	吴江区
17	同里古镇文化休闲旅游区	吴江区
18	苏州阳澄湖数字文化创意产业园	相城区
19	阳澄湖国际科技创业园	相城区
20	高铁新城互联网创新产业园	相城区
21	元联科技创业园	相城区
22	张家港软件（动漫）产业园	张家港市
23	张家港电子商务产业园	张家港市
24	张家港保税物流园区	张家港市
25	玖隆钢铁物流园区	张家港市
26	江苏医疗器械科技产业园	高新区
27	苏州国家知识产权服务业集聚发展示范区	高新区
28	苏州高新区综合保税区	高新区
29	中国常熟服装城	常熟市
30	常熟国际物流园	常熟市
31	苏大科技创新产业园	姑苏区
32	姑苏古城旅游示范区	姑苏区
33	苏州市吴中科技创业园	吴中区
34	吴中区检验检测产业集聚区	吴中区

苏州市服务贸易创新发展公共服务平台
（排名不分先后）

序号	单位名称	所属地区
1	太湖金谷（苏州）信息技术有限公司商务培训及新三板信息服务平台	高新区
2	苏州市沃特测试技术服务有限公司机电产品检测技术服务平台	高新区
3	苏州综保通运国际货运代理有限公司国际铁路货运信息及技术服务平台	高新区
4	苏州创意云网络科技有限公司创意信息服务平台	高新区
5	苏州市天灵中药饮片有限公司中药检测研发技术服务平台	高新区
6	苏州易维迅信息科技有限公司软件信息服务平台	高新区
7	江苏天弓信息技术有限公司知识产权信息与技术服务平台	高新区
8	大加利（太仓）质量技术检测中心有限公司轻工产品检测技术服务平台	太仓市
9	中美冠科生物技术（太仓）有限公司新药检测研发技术服务平台	太仓市
10	昭衍（苏州）新药研究中心有限公司新药检测研发技术服务平台	太仓市
11	张家港电子口岸有限公司通关物流信息服务平台	张家港市
12	江苏化工品交易中心有限公司化工产品交易信息服务平台	张家港市
13	江苏君信新华安全科技有限公司医药卫生产品检测技术服务平台	张家港市
14	苏州宜布网电子商务有限公司纺织品交易信息服务平台	吴江区
15	苏州盛泽云纺城电子商务有限公司纺织品交易信息服务平台	吴江区
16	同程网络科技股份有限公司境内外旅游信息服务平台	工业园区
17	苏州博士创新技术转移有限公司知识产权信息与技术服务平台	姑苏区
18	苏州药明康德新药开发股份有限公司新药检测研发技术服务平台	吴中区

苏州市服务贸易创新发展重点企业
（排名不分先后）

序号	单位名称	所属地区
1	苏州蜗牛数字科技股份有限公司	工业园区
2	苏州欧瑞动漫有限公司	工业园区
3	神游科技（中国）有限公司	工业园区
4	苏州灵石网络科技有限公司	工业园区
5	苏州尼盛万丽酒店	工业园区
6	苏州金鸡湖新罗酒店	工业园区
7	晋合洲际酒店	工业园区
8	苏州好玩友网络科技有限公司	工业园区
9	苏州赛思澜信息技术服务有限公司	工业园区
10	苏州工业园区凌志软件股份有限公司	工业园区
11	苏州浩辰软件股份有限公司	工业园区
12	新电信息科技（苏州）有限公司	工业园区
13	苏州玩友时代科技股份有限公司	工业园区
14	苏州工业园区乐美馆软件有限公司	工业园区
15	亿磐系统科技（苏州）有限公司	工业园区
16	华信富融（苏州工业园区）软件技术有限公司	工业园区
17	亚杰科技（江苏）有限公司	工业园区
18	思科系统（中国）研发有限公司苏州分公司	工业园区
19	奇景光电（苏州）有限公司	工业园区
20	缤特力通讯科技（苏州）有限公司	工业园区
21	宏智科技（苏州）股份有限公司	工业园区
22	益进信息服务（苏州）有限公司	工业园区
23	太潘科技（苏州）有限公司	工业园区
24	苏州力特奥维斯保险丝有限公司	工业园区

续表

序号	单位名称	所属地区
25	欧瑞思丹网络技术（苏州）有限公司	工业园区
26	高达计算机技术（苏州）有限公司	工业园区
27	大宇宙商业服务（苏州）有限公司	工业园区
28	苏州八岛数码设计有限公司	工业园区
29	苏州美名软件有限公司	工业园区
30	豪雅微电子（苏州）有限公司	工业园区
31	库力索法半导体（苏州）有限公司	工业园区
32	苏州科纬讯信息服务有限公司	工业园区
33	苏州大宇宙信息创造有限公司	工业园区
34	联咏电子科技（苏州）有限公司	工业园区
35	苏州爱洛克信息技术有限公司	工业园区
36	智原微电子（苏州）有限公司	工业园区
37	爱思梯安莱通信科技（苏州）有限公司	工业园区
38	科德宝宜合信息技术（苏州）有限公司	工业园区
39	利美加半导体（苏州）有限公司	工业园区
40	开源集成电路（苏州）有限公司	工业园区
41	苏州抱壹微电子有限公司	工业园区
42	苏州易康萌思网络科技有限公司	工业园区
43	苏州亿动非凡网络科技有限公司	工业园区
44	苏州蒂艾斯特电子科技有限公司	工业园区
45	全球国际货运代理（中国）有限公司苏州分公司	工业园区
46	中外运—敦豪国际航空快件有限公司苏州分公司	工业园区
47	敦豪全球货运（中国）有限公司苏州分公司	工业园区
48	赫那罗（上海）物流有限公司苏州分公司	工业园区
49	三星国际物流（北京）有限公司苏州分公司	工业园区
50	苏州得尔达国际物流有限公司	工业园区
51	博世汽车部件（苏州）有限公司	工业园区
52	飞利浦医疗（苏州）有限公司	工业园区

续表

序号	单位名称	所属地区
53	超威半导体技术（中国）有限公司	工业园区
54	佰电科技（苏州）有限公司	工业园区
55	艾默生环境优化控制（苏州）有限公司	工业园区
56	天弘（苏州）科技有限公司	工业园区
57	伟创力电子技术（苏州）有限公司	工业园区
58	康美包（苏州）有限公司	工业园区
59	苏州百特医疗用品有限公司	工业园区
60	礼来苏州制药有限公司	工业园区
61	苏州金唯智生物科技有限公司	工业园区
62	苏州汉德创宏生化科技有限公司	工业园区
63	天演药业（苏州）有限公司	工业园区
64	参天制药（中国）有限公司	工业园区
65	雅富顿化工（苏州）有限公司	工业园区
66	瑞晟微电子（苏州）有限公司	工业园区
67	哈曼汽车电子系统（苏州）有限公司	工业园区
68	大福自动搬送设备（苏州）有限公司	工业园区
69	百得（苏州）科技有限公司	工业园区
70	苏州欧优普洛技术咨询服务有限公司	工业园区
71	松下电器研究开发（苏州）有限公司	工业园区
72	强生（苏州）医疗器材有限公司	工业园区
73	苏州 UL 美华认证有限公司	工业园区
74	AW（苏州）汽车技术中心有限公司	工业园区
75	瑞萨集成电路设计（北京）有限公司苏州分公司	工业园区
76	码捷（苏州）科技有限公司	工业园区
77	苏州银行股份有限公司	工业园区
78	东吴证券股份有限公司	工业园区
79	苏州元禾控股有限公司	工业园区
80	中国太平洋财产保险股份有限公司苏州分公司	工业园区

续表

序号	单位名称	所属地区
81	三星财产保险（中国）有限公司苏州分公司	工业园区
82	中国平安保险股份有限公司苏州中心支公司	工业园区
83	英大泰和财产保险股份有限公司苏州中心支公司	工业园区
84	日本财产保险（中国）有限公司江苏分公司	工业园区
85	东京海上日动火灾保险（中国）有限公司江苏分公司	工业园区
86	金华盛纸业（苏州工业园区）有限公司	工业园区
87	苏州中材建设有限公司	昆山市
88	江苏山猫兄弟动漫游戏有限公司	昆山市
89	江苏辰宇文化艺术品有限公司	昆山市
90	迪克森文具（昆山）有限公司	昆山市
91	海隆软件（昆山）有限公司	昆山市
92	天可电讯软件服务（昆山）有限公司	昆山市
93	全球物流（苏州）有限公司	昆山市
94	昆山叶水福物流有限公司	昆山市
95	昆山新宁物流有限公司	昆山市
96	江苏新宁现代物流股份有限公司	昆山市
97	昆山飞力仓储服务有限公司	昆山市
98	江苏飞力达国际物流股份有限公司	昆山市
99	纬腾技术服务（昆山）有限公司	昆山市
100	微盟电子（昆山）有限公司	昆山市
101	研华科技（中国）有限公司	昆山市
102	苏州探极电子科技有限公司	昆山市
103	四海电子（昆山）有限公司	昆山市
104	世硕电子（昆山）有限公司	昆山市
105	昆山柏泰电子技术服务有限公司	昆山市
106	启承技术服务（昆山）有限公司	昆山市
107	头领科技（昆山）有限公司	昆山市
108	昆山爱华机电工程设计院有限公司	昆山市

续表

序号	单 位 名 称	所属地区
109	昆山加浦包装材料有限公司	昆山市
110	恩斯克投资有限公司	昆山市
111	利乐包装（昆山）有限公司	昆山市
112	艾利（昆山）有限公司	昆山市
113	东硕电子（昆山）有限公司	昆山市
114	中银金融商务（昆山）有限公司	昆山市
115	苏州新海博数码科技有限公司	高新区
116	苏州天平先进数字科技有限公司	高新区
117	苏州创意云网络科技有限公司	高新区
118	苏州乐米信息科技股份有限公司	高新区
119	苏州银河激光科技股份有限公司	高新区
120	苏州日航酒店	高新区
121	江苏富士通通信技术有限公司	高新区
122	艾格特电脑系统（苏州）有限公司	高新区
123	苏州大田仓储有限公司	高新区
124	苏州日通国际物流有限公司	高新区
125	日邮物流（苏州）有限公司苏州分公司	高新区
126	江苏中外运有限公司苏州分公司	高新区
127	苏州斯尔特微电子有限公司	高新区
128	华硕科技（苏州）有限公司	高新区
129	克诺尔车辆设备（苏州）有限公司	高新区
130	名硕电脑（苏州）有限公司	高新区
131	康硕电子（苏州）有限公司	高新区
132	柏威科技信息咨询（苏州）有限公司	高新区
133	伟伦医疗设备（苏州）有限公司	高新区
134	中国人民财产保险股份有限公司苏州市分公司	高新区
135	苏州欧清电子有限公司	高新区
136	苏州市汇海体育用品服饰有限公司	相城区

续表

序号	单位名称	所属地区
137	苏州市麦点彩印有限公司	相城区
138	苏州科斯伍德油墨股份有限公司	相城区
139	江苏佰家丽新材料科技有限公司	相城区
140	苏州聚和网络科技有限公司	相城区
141	佑仁电子科技（苏州）有限公司	相城区
142	苏州立泰电子有限公司	相城区
143	苏州住电装有限公司	相城区
144	苏州住电汽车电子线业有限公司	相城区
145	禾邦电子（苏州）有限公司	相城区
146	苏州上声电子有限公司	相城区
147	天合汽车零部件（苏州）有限公司	相城区
148	苏州凯美电子有限公司	相城区
149	苏州锦湖针织制衣有限公司	相城区
150	苏州万旭光电通信有限公司	相城区
151	艺达思科技（苏州）有限公司	相城区
152	苏州高铁新城绿色节能科技有限公司	相城区
153	美特科技（苏州）有限公司	相城区
154	江苏长江纸业有限公司	常熟市
155	江苏祥兆文具有限公司	常熟市
156	常熟市先锋乐器有限公司	常熟市
157	江苏尚策文化传播有限公司	常熟市
158	芬欧汇川（中国）有限公司	常熟市
159	常熟威特隆仓储有限公司	常熟市
160	常熟市瀚邦船务代理有限公司	常熟市
161	常熟道达江海国际物流有限公司	常熟市
162	常熟兴华港口有限公司	常熟市
163	丰田汽车研发中心（中国）有限公司	常熟市
164	达富电脑（常熟）有限公司	常熟市

续表

序号	单 位 名 称	所属地区
165	常熟明振技术服务有限公司	常熟市
166	常熟达涅利冶金设备有限公司	常熟市
167	柏科（常熟）电机有限公司	常熟市
168	苏州诺华制药科技有限公司	常熟市
169	苏州太仓宝龙福朋酒店	太仓市
170	太仓港集装箱海运有限公司	太仓市
171	中国太仓外轮代理有限公司	太仓市
172	南通明洋船务代理有限公司太仓分公司	太仓市
173	中国太仓船务代理有限公司	太仓市
174	特灵空调系统（中国）有限公司	太仓市
175	中美冠科生物技术（太仓）有限公司	太仓市
176	耐克体育（中国）有限公司	太仓市
177	裕克施乐塑料制品（太仓）有限公司	太仓市
178	昭衍（苏州）新药研究中心有限公司	太仓市
179	江苏长江石油化工有限公司	太仓市
180	苏州港兴国际船舶代理有限公司	太仓市
181	江苏物润船联网络股份有限公司	张家港市
182	张家港保税区长江国际港务有限公司	张家港市
183	张家港孚宝仓储有限公司	张家港市
184	张家港保税区海捷国际船务代理有限公司	张家港市
185	中国张家港外轮代理有限公司	张家港市
186	苏州长航船务代理有限公司	张家港市
187	江苏联合半导体技术有限公司	张家港市
188	西马克技术（苏州）有限公司	张家港市
189	盛禧奥聚合物（张家港）有限公司	张家港市
190	道康宁（张家港）有限公司	张家港市
191	江苏糖心文化传媒有限公司	吴中区
192	苏州利奇文教用品有限公司	吴中区

续表

序号	单位名称	所属地区
193	藤兴工业有限公司	吴中区
194	天隆电脑配件（苏州）有限公司	吴中区
195	苏州宏升包装制品有限公司	吴中区
196	苏州斯莱克精密设备股份有限公司	吴中区
197	苏州西山中科药物研究开发有限公司	吴中区
198	苏州药明康德新药开发股份有限公司	吴中区
199	苏州名典资产评估事务所（普通合伙）	吴中区
200	江苏永鼎泰富工程有限公司	吴江区
201	NEC能源元器件（吴江）有限公司	吴江区
202	江苏海晨物流股份有限公司	吴江区
203	瑞仪光电（苏州）有限公司	吴江区
204	九昱电子（苏州）有限公司	吴江区
205	英杰宝电子（苏州）有限公司	吴江区
206	汉阳半导体（吴江）有限公司	吴江区
207	江苏亨通光电股份有限公司	吴江区
208	苏州丹尼动画有限公司	姑苏区
209	苏州文化国际旅行社有限公司	姑苏区
210	苏州海外旅游公司	姑苏区
211	中国邮政速递物流股份有限公司苏州市分公司	姑苏区
212	苏州中远海运国际货运有限公司	姑苏区
213	创元专利商标事务所	姑苏区

苏州市服务贸易创新发展试点可向上争取的政策措施一览表

序号	可向上争取的政策措施
1	在开展试点的10大重点行业以及苏州具有优势的对台、对新服务业合作领域，积极向上争取改革试点和政策，尤其要争取取消或降低对投资者资质要求、股比限制、经营范围限制。
2	着力破除综合保税区阻碍来料加工和国际转口、物流、分销、仓储等服务贸易发展的体制机制障碍，在综合保税区企业增值税一般纳税人资格试点的基础上深化进行内外贸一体化探索，争取对全部进口设备实施保税监管。
3	探索海关接受软件、离岸转口贸易、带料加工贸易等服务贸易报关，建立和完善特定种类的服务贸易报关方式。
4	争取对来料加工选择性征税试点，来料加工转内销时，对来料商品可申请按成品征税或按料件征税。
5	开展对跨境电子商务、供应链管理等新型服务模式发展的研究，实施便利化监管。
6	以服务贸易创新发展试点为理由，争取"一行三会"等金融创新政策在苏先行先试。
7	扩大金融领域对外开放，支持外商在苏州工业园区投资设立保险资产管理公司。放宽外商设立投资性公司的条件，申请前一年外国投资者资产总额降为不低于两亿美元，或外国投资者在中国境内已设立外商投资企业数量降低为5个以上。
8	营造有利于跨国公司跨境财务结算中心生存发展的环境，争取将新增跨国公司跨境财务结算中心税收省级留成部分返还项目所在地。
9	扩大我市跨国公司外汇资金集中运营和人民币双向资金池业务试点范围，争取对我市企业获得试点资格，不设名额限制。
10	探索实施对离岸转口贸易的随即抽查制度，按一定抽查率对离岸转口贸易企业实施境内外的实地调查，对信用评价高的离岸转口贸易经营企业，给予稳定的可预期的经营环境。
11	依托中新联合协调理事会、昆山深化两岸产业合作试验区部省际联席会议等高端协调机制，推进服务贸易相关改革措施的争取和实施。
12	推进苏州工业园区国家境外投资服务示范平台建设，争取该平台成为离岸税收征管试点。
13	争取不区分自产产品和非自产产品的覆盖面更广的全球维修。
14	企业服务出口无法取得合法有效进项凭证时可申请适用增值税免税政策。
15	争取"苏满欧"国际五定班列承运的跨境过境货物享受类似连云港、青岛的运费半价优惠政策。

续表

序号	可向上争取的政策措施
16	开展外贸集装箱进出口拆拼箱业务,建立健全货物中转集拼业务监管体系,扩大内外贸同船运输、国轮捎带、国际航班国内段货物运输适用范围。
17	争取允许中资控股的非五星旗船在沿海港口与苏州港(常熟、张家港、太仓)之间开展进出口集装箱捎带业务。
18	允许快件和普通货物同仓存储、混合运作。
19	争取在生物医药等研发企业集聚区或楼宇设立保税集聚区或楼宇。
20	创新生物材料、生物样本、化学试剂和试验用设备等出入境监管方式,采取集约化授权方式对入区生物制品进行分类分级管理。
21	进一步扩大外商投资(创业)投资基金范围,明确公司制外商投资股权投资基金(企业)的设立适用现行外资创投管理规定。完善外商投资合伙制股权投资基金的设立和管理制度。明确允许外商投资设立合伙制股权投资基金。
22	创新海外资产运营保险业务,提升涉外业务的保险服务能力。
23	加强旅行业对外开放,鼓励外商在苏州投资旅行业,支持外商投资设立旅行社,允许符合条件的中外合资旅行社从事除中国台湾地区以外的出境游业务。
24	促进医学研究和试验发展,对在国外研发、具有重大意义的新药项目,经国家食品药品监督管理总局批准后,允许开展临床试验;按照药品进口的有关规定,允许原研对照药品和在研临床试验药物的进口,允许符合药品生产质量管理规范境外研发外包企业及动态药品生态管理规范(cGMP)的生产厂家生产的临床研究药物,用于国际多中心临床试验。
25	促进医疗服务开放,允许外商投资老年护理、康复护理、心理健康机构,按照国家规定设护理医疗部门,不受外商投资医疗机构相关规定限制。放宽外国医师来华短期行医注册的有效期至3年。
26	提升转口转卖业务金融服务的自由度和便利性,为具有真实贸易背景的转口转卖业务提供高效便捷的结算及贸易融资等服务。
27	争取政策支持,允许已申报展品按批次进口。需经生物检疫检验的生鲜商品等特殊展品,缩短审批时间。
28	畅通外籍高层次人才来华创新创业渠道,推动职业资格互认。
29	鼓励外商投资经营性非学历教育培训和职业技能培训行业,不设外资股比限制。